Trésors de Courges et de Potirons

Maquette de couverture de Bernard Flageul

Photos de la couverture (de gauche à droite) : Courge ronde de Nice, Giraumon Turban, Courge longue de Nice, Pâtisson (Graines Baumaux)

Photos de :
Bruno Defay : Courgette, Gold Rush F1 (p. 17) ; Cou-Tors Hâtif, Pâtissons (p. 10) ; Jack-Be-Little (p. 20) ; Courge à graines nues (p. 22) ; Red Kuri (p. 23) ; Kabocha, Chestnut Bush, Buttercup (p. 24) ; Courge Olive Verte, Mayo Blusher, Triamble (p. 25) ; Potiron Bleu de Hongrie, Blue Banana (p. 26) ; Pumpkin Show King (p. 27) ; Mooregold, Golden Delicious (p. 28) ; Butternut (p. 29) ; Créole (p. 30) ; Striped Cushaw (p. 32).
Graines Baumaux : Pomme d'Or (p. 19) ; Acorn, Courge Spaghetti (p. 21) ; Giraumon (p. 27) ; Golden Hubbard, Courge Musquée de Provence (p. 30) ; Courge longue de Nice (p. 31).
Graines Clauses : Jaune Gros de Paris, Rouge Vif d'Etampes (p. 23).
Jean-Paul Thorez : Sucrine du Berry (p. 31)
Ferme de Sainte-Marthe : Citrouille de Touraine (p. 18), Melonnette de Vendée (p. 20) ; Courge de Naples (p. 30)

Maquette de Maxence Scherf

Dessins de Christian Galinet

Mise en page et photogravure Top Compo

ISBN 2 904 082-47-6
ISSN 0764-020-X

Bruno Defay

TRÉSORS DE COURGES ET DE POTIRONS

Jardinage et cuisine

Terre Vivante
6, rue Saulnier
75009 Paris
Tél. (1) 42.46.37.88

SOMMAIRE

L'auteur remercie Gérard Temey à qui il doit la découverte de la grande richesse des Cucurbitacées.

L'éditeur remercie Marianne Fouchet et Florence Grolet, du restaurant "Saisons" à Vézelay, pour leur contribution au chapitre Cuisine. Leur recettes sont signalées par un astérisque.

Avant-propos

A chaque époque, et encore aujourd'hui, l'action de l'homme est dirigée par un besoin vital : se nourrir. Les premiers hommes ont tout d'abord récolté les plantes sauvages, puis ont développé la culture de celles qui présentaient les plus grandes qualités. On connaît l'importance du riz pour les Asiatiques et du blé pour les Européens. Dans l'Amérique précolombienne, des civilisations se sont bâties autour de la culture associée des courges, du maïs et des haricots. Les populations américaines savent encore cuisiner et apprécier les courges. Celles-ci sont même devenues le symbole des récoltes automnales et l'objet de festivités : c'est Halloween.

En France, on ne connaît bien souvent que "la" courge. Or, il s'agit d'un véritable groupe, dans lequel on peut trouver près d'un millier de variétés capables de fructifier sous nos climats. C'est une richesse qu'il faut redécouvrir.

Il y a quelques siècles, des légumes "bien de chez nous" comme la tomate ou la pomme de terre étaient complètement inconnus des Européens. Depuis, on s'est habitué à les cultiver, et maintenant ils paraissent indispensables. Combien de temps faudra-t-il pour que le Vieux Continent assimile les "nouveaux" légumes que sont les courges ? Le courant d'intérêt qu'elles suscitent permet d'être optimiste.

En cette fin de XXe siècle, on assiste en France à une redécouverte des courges et des potirons. Ils correspondent assez bien à ce que l'on attend d'un aliment moderne : beaucoup de vitamines et une bonne teneur en minéraux, mais peu de calories. Avec en plus un petit air exotique du fait des formes, des coloris ou des saveurs de ces fruits. Il reste à apprendre à les cuisiner ; beaucoup de fruits méritent de ne pas finir en simple soupe, car ils se prêtent à bien d'autres préparations culinaires.

Nous avons, avec ces courges et ces potirons, hérité d'un patrimoine précieux. Nous avons le devoir d'en transmettre toute la richesse aux générations futures. Cela suppose de posséder les quelques connaissances indispensables à la culture et à la reproduction de ces plantes potagères.

Par ce court voyage dans l'univers des courges, j'espère apporter une aide à ceux que la diversité variétale intéresse, mais aussi contribuer à ce que les jardins et les tables s'ouvrent plus largement à ces légumes-fruits.

Bruno Defay

L'homme et les courges

Depuis très longtemps l'homme cultive des courges. Cela démontre, s'il en était besoin, l'importance de ces plantes dans l'alimentation humaine et l'économie domestique.
Au Mexique, des fouilles archéologiques ont mis à jour des restes de *Cucurbita pepo* datés de 8 500 ans avant notre ère, et des vestiges de *Cucurbita mixta* et *Cucurbita moschata* à peine moins vieux (5 000 ans avant J.-C.).
Au Pérou, on retrouve des traces de C. *moschata* et C. *ficifolia* dès 3 000 ans avant J.-C. La gourde était connue dans ce pays neuf millénaires plus tôt !
Les premiers colons qui se sont installés dans le Nouveau Monde ont découvert des *Cucurbita pepo* dans le Nord du Mexique, dans le Sud et l'Est des Etats-Unis, et sur la bordure canadienne.
Dans certaines zones géographiques, les courges mènent une existence sauvage. Elles s'y trouvaient avant l'installation de l'homme, ou bien, cultivées par ce dernier, elles se sont "échappées" et survivent. Les botanistes appellent ces zones "centres de diversité". C'est là qu'on trouve la plus grande diversité variétale et donc la plus grande richesse génétique. Les centres de diversité des courges sont situés en Amérique du Sud pour les *Cucurbita maxima* (potirons), en Amérique centrale pour les *Cucurbita moschata* (courges musquées) et au Mexique pour les *Cucurbita pepo* (courgettes et pâtissons) et les *Cucurbita mixta*.
La courge la plus voyageuse semble avoir été la gourde pèlerine (*Lagenaria vulgaris*), la bien nommée. Si primitivement elle sert de flotteur aux filets des pêcheurs des côtes péruviennes, on la retrouve très vite dans l'Ancien Monde, si bien qu'on a pu croire qu'elle y était née. L'Egypte, l'Inde, la Chine, la Thaïlande connaissent la gourde plusieurs millénaires avant notre ère. Pline et Columelle — agronomes latins du Ier siècle — citent cette Cucurbitacée dans leurs écrits, et c'est toujours elle qui sert de "courgette" en Europe jusqu'à l'introduction des Cucurbita américaines. On explique ce tempérament voyageur de la gourde par sa capacité de flotter longtemps à la surface de la mer sans perdre son pouvoir germinatif. Les courants marins se seraient donc chargés, au moins en partie, de la dissémination de l'espèce sur l'ensemble du globe.
Les courges et potirons ont tardé à se répandre en Europe. Ce n'est que vers le milieu du XIXe siècle que l'on voit apparaître aux catalogues de graines la courge de Hubbard, les potirons Rouge Vif d'Etampes et Bronzé de Montlhéry, etc.
La courgette est une découverte encore plus récente chez nous. On ne la trouve

pas avant 1920, époque où elle prend la place de sa cousine un peu vieillotte, la "courge à la moelle".
L'Asie du sud-est — et en particulier le Japon — a créé parallèlement sa propre gamme de variétés.
L'époque actuelle est caractérisée, en France, par une redécouverte de la diversité variétale des courges et des potirons. Des jardiniers passionnés font venir des Etats-Unis et du Japon des dizaines de variétés (voir le célèbre "potimarron" cher aux jardiniers biologiques) qui renouvellent avec bonheur la saveur de ces légumes un peu délaissés. Même les grands marchands grainiers inscrivent ces nouvelles acquisitions à leurs catalogues. Le succès des "Foires aux potirons" prouve que les Cucurbitacées savent séduire le public quand on met en valeur leur diversité, leur côté décoratif et leurs richesses culinaire et diététique.

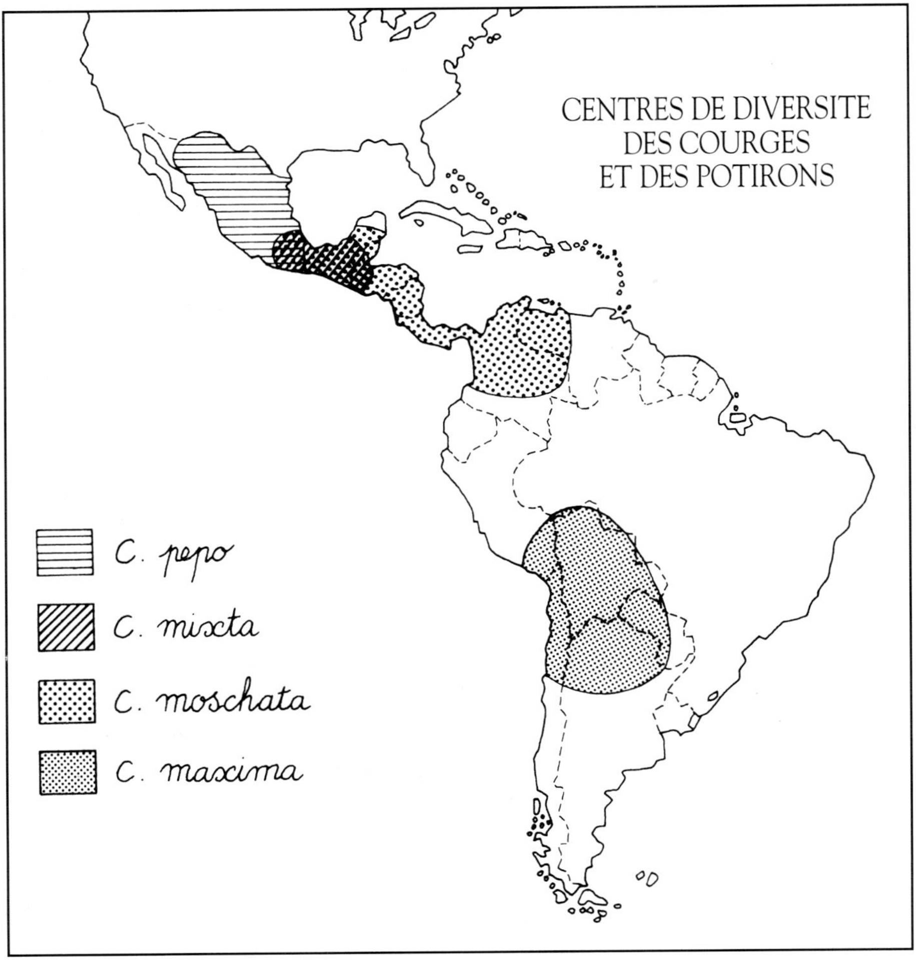

Les courges décoratives

Dans les expositions ou sur les marchés, quand le public découvre une jolie petite courge qui lui est inconnue, on entend souvent : — "C'est une coloquinte ?" Eh bien non ! Beaucoup de courges comestibles sont aussi très décoratives. Rien à voir avec les coloquintes, qui ont une pulpe amère et purgative. Ces fruits, même jeunes, ne sont pas consommables. Leurs semences sont presque toujours vendues en mélange de divers types. On n'a pas de variétés bien distinctes et reproductibles. Les fruits obtenus sont le produit du hasard.

Les courges n'ont pas ces inconvénients. Elles peuvent être naturellement décoratives par leur taille, leur coloris, leur originalité... On peut également les découper, les graver, les mouler....

Il faut prendre quelques précautions quand on veut conserver des courges pour la décoration. Le terrain de culture ne doit pas être trop riche, l'excès d'azote nuisant à la conservation. Les fruits doivent être récoltés bien mûrs ; il faut donc prévoir un temps de végétation suffisamment long. Les plantes ont des besoins en eau importants durant la période de développement des fruits, surtout chez les variétés de courges volumineuses. En revanche, il faut éviter d'arroser durant la période de maturation (août).

Pour récolter, on redoublera de précautions. Il faut éviter les chocs et les blessures. Puis, si possible, on installera les fruits au chaud dans une serre sèche ou une véranda, durant deux à trois semaines. Les courges en tirent profit ; cela leur permet de bien ressuyer tout en achevant de mûrir. La plupart des fruits gardent un bel aspect durant l'hiver et le printemps suivants. Ensuite, ils sont complètement desséchés, leurs couleurs passent. Ceux dont l'écorce est lignifiée se conservent alors indéfiniment. Ils sont devenus des récipients creux renfermant des semences. Pomme d'Or, les pâtissons, Cou-Tors hâtif se comportent de cette façon.

Les gourdes

Autrefois, en Europe, et encore actuellement en Afrique, les gourdes ont joué un rôle important. Sur les gravures du moyen-âge, on peut voir les pèlerins en voyage pour Saint-Jacques-de-Compostelle munis de leur "gourde pèlerine" attachée à la ceinture. Ce nom est encore en usage actuellement. On parle aussi de "gourde bouteille".

Parfois, on nomme les gourdes "calebasses". En fait, la calebasse est le fruit d'un arbre tropical (*Crescentia cujete*) qui n'a rien à voir avec la gourde.

Il est bien pratique ce récipient : la nature peut en fabriquer chaque année ; il est solide, léger et poreux. Cette porosité n'est pas un inconvénient, au contraire : comme pour les récipients en grès, elle permet de garder aux liquides une température inférieure de quelques degrés à la température ambiante, du fait de l'évaporation. Autrefois, les pèlerins devaient apprécier cette relative fraîcheur, comme actuellement les Africains.

Une question souvent posée :

— "Comment faites-vous pour les creuser ?"

La réponse :

— "Je ne les creuse pas ! En séchant, la cavité se façonne naturellement."

Si on désire utiliser une gourde comme récipient, il faut qu'elle soit bien mûre : l'écorce reste ferme sous la pression des doigts ; elle est lignifiée, épaissie. Il faut tout d'abord la faire sécher. On commence par la laver avec un savon fort pour éliminer la couche cireuse qui recouvre l'épiderme et limite la dessiccation. Puis on l'installe dans un endroit sec et chaud (20 à 30°C). Le séchage prend plusieurs mois, en général de deux à quatre.

On peut aussi récolter en conservant une tige feuillue ; à l'abri du gel, ces feuilles vont rester vivantes et servir d'évaporateur. Le fruit s'allégera rapidement.

C'est le col de la gourde qui commence à sécher en premier : l'épiderme vire du vert au marron. Un peu de moisissure peut apparaître, car la chlorophylle est en train de mourir. Peu à peu, le fruit s'allège. Une gourde, même entièrement recouverte de moisissures, est récupérable. On la brosse vigoureusement à l'eau courante pour éliminer l'épiderme et mettre à nu son bois. Après séchage, elle gardera la trace des moisissures sous forme de taches circulaires. Ce peut être un effet recherché.

Quand le séchage est arrivé à son terme, les graines sonnent à l'intérieur lorsqu'on secoue vigoureusement la gourde. On pratique alors une ouverture (en coupant le haut du col, ou sur le côté) et on extrait graines et fibres sèches. On cure le mieux possible les parois internes et on remplit d'eau. Au bout de quelques jours, on vide l'eau troublée par des déchets en suspension, on brosse l'intérieur et on rince. Il faut renouveler l'opération plusieurs fois jusqu'à ce que l'eau se conserve parfaitement claire. La gourde est alors prête.

Lorsqu'on veut garder une gourde entière, il est préférable de lui conserver tout son pédoncule. C'est ainsi qu'elle est le plus esthétique.

Selon les variétés, les gourdes sont utilisées pour divers usages :

— les gros fruits peuvent être aménagés comme nichoirs ou comme mangeoires pour les oiseaux ;

— en coupant une gourde en deux dans le sens équatorial, on obtient deux "canaris" comme ceux qui servent aux femmes africaines à transporter légumes ou marchandises. Chez nous, on s'en servira comme corbeilles à ... Il suffit d'imaginer !

— les très petits fruits, comme ceux de Miniature Bottle, rendaient autrefois service comme poires à poudre ; ils sont actuellement appréciés pour garnir la dînette des enfants ;
— en découpant des gourdes, on peut fabriquer des cuillères, des tubes et même des animaux !
— quand c'est creux, ça résonne, et alors on peut faire de la musique. En France, des musiciens s'intéressent aux gourdes pour fabriquer des instruments de musique. A la maison, les enfants sont enchantés d'en faire des tambours ;
— aux USA, les enfants s'amusent à peindre les gourdes à l'aide de couleurs vives ;
— plus intéressant peut-être : la pyrogravure des gourdes. Un pyrograveur est un petit outil électrique qui comporte une pointe chauffante interchangeable. Avec celle-ci, on brûle superficiellement le bois de la gourde, ce qui laisse une trace noire sur le fond brun clair. On peut préparer le travail en dessinant sur la gourde à l'aide d'un crayon à papier ; c'est en quelque sorte le brouillon ;
— les jeunes gourdes sont très plastiques ; elles peuvent être aisément déformées, étirées, moulées. Cette plasticité persiste durant toute la période de développement du fruit ; tant que le péricarpe (écorce) n'est pas lignifié, il reste souple sous la pression des doigts.

Lorsque les tiges des gourdes grimpent sur un support (grillage, arbre mort, treillis...), les fruits se trouvent suspendus. Au fur et à mesure qu'ils prennent du poids, les cols s'étirent. Le col des gourdes qui se forment sur le sol se recourbe fréquemment. On obtient ainsi une gourde siphon.

Aux USA, où il existe des concours de longueur pour les gourdes, on utilise les variétés de *Lagenaria longissima*. Elles donnent naturellement un fruit tout en longueur, sans renflement terminal. Tous les moyens sont bons pour gagner, y compris l'addition de poids qui tirent sur les gourdes !

On peut aussi utiliser la plasticité des gourdes pour réaliser des moulages. Le plus simple est de faire grandir une très jeune gourde (après la fécondation, quand les pétales se fanent et tombent) dans une boîte solide, une bouteille originale (qui sera brisée pour libérer la gourde) ou d'autres objets encore. Il faut connaître précisément les dimensions futures du fruit pour qu'elles soient adaptées à la taille du moule. C'est peut-être le plus difficile. La circonférence des gourdes varie, selon les variétés, de 10 cm à 1 m.

On peut utiliser une sculpture ou partir d'un objet plein. On en fait un moule en plâtre en deux parties dans lequel on installe une gourde en croissance pour obtenir une copie végétale de la sculpture ou de l'objet.

D'autres variétés de gourdes (Amphore, par exemple) présentent un épiderme blanc très joliment tacheté de vert. Ces gourdes sont très esthétiques après la récolte, durant deux à trois mois. Ensuite, en séchant, la chlorophylle meurt, elles brunissent et se banalisent.

Halloween

Avez-vous déjà rencontré les Jack O'Lantern, ces drôles de têtes de sorcières taillées dans un pumpkin vidé de ses graines ? L'effet est saisissant quand, illuminés de l'intérieur avec une bougie ou une lampe de poche, on les installe dans la pénombre.

Halloween (de l'ancien anglais All Hallow's Eve, c'est-à-dire "veille de la Toussaint") est une fête populaire importante au Canada et aux USA. A L'origine, en Europe, les Celtes avaient coutume de fêter la fin de la bonne saison par des rassemblements où le feu, les esprits et la sorcellerie tenaient une grande place.

Fin octobre, dans les régions du Nord, on fêtait la fin des récoltes. Cette tradition est restée vivante chez les colons anglo-saxons. Maintenant encore, en Amérique du Nord, le soir du 31 octobre, les enfants se déguisent en fantômes ou en sorcières et, une "courge lanterne" à la main, font le tour de leur quartier pour quémander des friandises ou de la monnaie. En échange, ils se proposent d'invoquer les esprits pour qu'ils protègent les habitants.

Pour réaliser soi-même une Jack O'Lantern, on peut utiliser un fruit de cette variété de Cucurbita pepo. Il faut avoir une cavité assez vaste pour y poser une lampe de poche ou une bougie, et une chair peu épaisse qui se laisse traverser par la lumière.

A l'arrière de la courge, on découpe une ouverture permettant le passage de la main. On extrait les graines et le placenta, puis on taille les yeux, le nez et la bouche. La lumière vacillante d'une bougie donne une impression de vie surprenante.

On peut utiliser d'autres fruits — Pomme d'Or, Winter Luxury, Melonette... —, mais l'espace intérieur est alors réduit ; on peut l'aménager en creusant à l'aide d'une cuillère.

VARIÉTÉS

Classification

Les plantes qui portent les courges et les potirons ont toutes un air de famille, des exigences semblables. Elles appartiennent non seulement à la même famille — les Cucurbitacées —, mais encore au même genre : le genre *Cucurbita*.
La famille des Cucurbitacées comprend, outre les courges et potirons, — et en se limitant aux plantes cultivées —, les gourdes, les melons, les concombres.
Différentes espèces représentent le genre *Cucurbita* (courges et potirons). Ce sont :

Cucurbita maxima	potirons et giraumons
Cucurbita pepo	courgettes, citrouilles et pâtissons
Cucurbita moschata	courges musquées
Cucurbita ficifolia	courge de Siam
Cucurbita mixta	courges mexicaines

Le genre *Lagenaria* est un genre voisin dans lequel sont regroupées les gourdes.
Chez *Cucurbita maxima*, les fruits, assez gros, se consomment à maturité. Le pédoncule (la queue du fruit) est cylindrique, sans côtes et liégeux. Les feuilles, de grande taille, présentent des lobes arrondis et, chez la plupart des variétés, les tiges s'allongent (variétés coureuses). Le potimarron, la courge de Hubbard et Blue Banana, par exemple, appartiennent à cette espèce.
Un potiron peut être plus ou moins arrondi ; selon les variétés, le diamètre va de 10 cm à plus d'un mètre ! On peut aussi avoir un fruit très allongé : 20 cm de diamètre et 1 m de long. Un potiron n'est donc pas obligatoirement un "potirond".
La durée de conservation des fruits est déterminée par la variété et le mode de culture. Il n'y a pas de corrélation entre la conservation et la taille du potiron, sa forme ou la présence d'un épiderme lignifié (écorce).
Dans l'espèce *Cucurbita pepo*, toute la plante est garnie de piquants. Les feuilles ont des lobes anguleux et le pédoncule des fruits présente 5 à 8 divisions très marquées qui, bien souvent, se prolongent sur le fruit par des côtes ou une coloration différente. Le groupe le plus connu est celui des courgettes, dont les plants sont souvent non coureurs et dont on consomme les très jeunes fruits en été. Pourtant, il existe beaucoup de variétés de *Cucurbita pepo* dont les plants sont coureurs et portent des fruits excellents à maturité, en automne-hiver. Les courgettes, les pâtissons, les pumpkins, la courge à graines nues sont des variétés de C. *pepo*.

Une C. *pepo* peut être allongée (courgette), mais aussi sphérique (Pomme d'Or, Jack O'Lantern, Ronde de Nice).
Comme les haricots — eux aussi originaires des tropiques du Nouveau Monde —, les C. *pepo* et les C. *maxima* ne poussent que si la température dépasse 10°C.
Les C. *moschata* sont cultivées surtout dans le sud de la France. Ces plantes exigent 15°C pour végéter. Au niveau des nervures, les feuilles présentent souvent des zones argentées qui servent de protection contre la trop grande ardeur du soleil. On retrouve également ce caractère chez certaines C. *pepo* et beaucoup de C. *mixta*. Le pédoncule, qui est assez fin, présente cinq divisions et s'épate largement au contact du fruit. Celui-ci est souvent aplati et côtelé ou cylindrique et allongé.
Certaines courges musquées se consomment jeunes, comme des courgettes, mais toutes gagnent à être gardées en hiver ; elles prennent alors une teinte brun cuivré.
Selon la forme du fruit, les C. *moschata* peuvent se diviser en deux groupes :
— fruit en forme de poire plus ou moins allongée (de 20 cm à 1 m de long). Partie cylindrique dépourvue de graines. Celles-ci se trouvent dans un renflement, du côté de l'ombilic. Il s'agit des courges Sucrine du Berry, Butternut, Musquée de Naples, Musquée de Nice, etc. ;
— fruit à l'apparence d'un potiron très côtelé et plus ou moins aplati de 10 cm à 50 cm de diamètre. Chair orange vif, presque rouge. Il s'agit de la courge Musquée de Provence (que l'on trouve tranchée sur les marchés car, même ainsi, elle se conserve bien), mais aussi de courges musquées américaines ou japonaises.

D'Amérique centrale nous viennent deux autres espèces :
— *Cucurbita ficifolia*, connue sous le nom de courge de Siam ou melon de Malabar. Les feuilles ont des échancrures très prononcées et les tiges s'allongent beaucoup en tous sens. S'il ne gèle pas, cette courge peut être vivace.
— *Cucurbita mixta* : ce n'est que depuis 1930 que ce groupe de courges est considéré comme une espèce à part entière. Le pédoncule est légèrement cylindrique, côtelé, un peu épaté au point d'insertion sur les fruits. Il présente donc des caractères intermédiaires entre ceux de C. *pepo*, C. *maxima et* C. *moschata*. Il arrive bien souvent que les C. *mixta* ne puissent pas fleurir chez nous en juillet, du fait de la trop longue durée du jour. La végétation s'étend, puis les fleurs s'épanouissent avec les jours plus courts d'août. Au Mexique, ces courges subissent 12 heures de jour et 12 heures de nuit toute l'année, alors que chez nous les équinoxes sont fin mars et fin septembre. Le plus couramment, les fruits ont une forme de poire d'environ 30-60 cm de long. Certains auteurs préfèrent parler de C. *argyrosperma*, en référence à la bordure argentée des semences ; d'autres réservent cette appellation aux variétés résultant du croisement de C. *moschata* avec C. *mixta*.

Enfin, dans les Cucurbitacées, les gourdes constituent le genre *Lagenaria*. L'écorce des fruits se lignifie à maturité ce qui signifie qu'il se forme une couche de bois. Après évidage et séchage, on obtient un récipient. C'est en fin de journée que s'ouvrent les fleurs des gourdes ; elles sont blanches. Le feuillage, très souple au toucher, dégage une odeur désagréable lorsqu'on le chiffonne.
En principe, les différentes espèces de *Cucurbita* ne peuvent pas s'hybrider entre elles. Il n'est pas possible, par exemple, d'obtenir un hybride entre une variété de courgette (C. *pepo)* et une variété de potiron (C. *maxima)*. Cependant, la barrière spécifique ne semble pas complètement fermée. En particulier, des croisements ont pu être obtenus entre certaines variétés de C. *mixta* et de C. *moschata*, des C. *pepo* et des C. *moschata*, ainsi qu'entre des C. *maxima* et des C. *moschata*. Ces hybrides inter-spécifiques restent pour la plupart stériles ; un peu comme la descendance des croisements âne x jument et ânesse x cheval.
Certains hybrides F1 (première génération) de C. *maxima* et C. *moschata* présentent une belle vigueur végétative et une grande résistance aux basses températures, si bien qu'ils servent, au Japon, de porte-greffe pour des concombres et des pastèques.
Tout au long des pages qui suivent, le nom de "courge" sera employé pour désigner une plante ou un fruit du genre *Cucurbita*. On parlera de "gourde" pour les fruits du genre *Lagenaria*.
Ces deux genres — *Cucurbita* et *Lagenaria* — sont les seuls groupes de courges susceptibles de fructifier sous tous les climats en France, à condition de disposer de 4 à 5 mois sans gelée nocturne. En altitude (là où la tomate arrive difficilement à maturité), il faut choisir les variétés les plus hâtives de C. *pepo* et de C. *maxima*.
La sélection présentée dans ce livre comprend des variétés françaises traditionnelles, des variétés japonaises ou américaines, et des obtentions récentes (principalement pour les courgettes). La plupart sont assez précoces pour produire dans toutes les régions de notre pays. Leurs semences sont commercialisées en France (voir adresses à la fin du livre).
Cette gamme autorise la plus grande diversité dans les préparations culinaires et peut satisfaire tous les goûts. Elle comprend un grand nombre de variétés d'excellente conservation.

Courges, courgettes, pâtissons et citrouilles

Cucurbita pepo

Courgettes 60-75 jours

Ce sont des courges que l'on cueille très jeunes durant l'été. La récolte en est abondante pourvu que l'on assure un arrosage suffisant. Les diverses variétés diffèrent par la coloration de l'épiderme et la forme du fruit, plus ou moins allongée. On trouve surtout des variétés noires ou vertes, mais aussi Blanche de Virginie (dont la chair est très moelleuse) et Ronde de Nice (photo), qui est très appréciée dans le Sud de la France.
Les variétés hybrides F1 dominent de plus en plus. Les plants ont peu de feuilles et donnent beaucoup de fruits faciles à cueillir. Ces hybrides sont plus exigeants sur la qualité du terrain.
En période d'abondance, on peut débiter les courgettes en rondelles et les congeler crues, pour une utilisation hors saison.

Gold Rush F1 65 jours

Voilà une courgette jaune hybride qui demande 65 jours de culture pour arriver à la première récolte. Une performance rarement égalée par les variétés traditionnelles. On cueille le fruit quand il a environ 20 cm de long. A ce stade, l'épiderme se laisse percer avec l'ongle ; on peut cuire sans peler. C'est vrai pour tous les fruits qu'on consomme avant maturité.
Le goût de cette courgette est assez fruité. Sa couleur égaye l'inévitable ratatouille estivale, ce qui rend celle-ci délicieuse pour les enfants !

Citrouille de Touraine 90 - 100 jours

C'est une variété fourragère et, donc, réservée aux animaux. En terrain frais, cette plante est très productive. Les tiges sont coureuses. Les fruits récoltés à maturité, en octobre, pèsent de 10 à 40 kg.
Dans un passé récent, elle a rendu bien des services dans les fermes. Au coeur de l'hiver, c'est un aliment apprécié par des animaux aussi différents que les vaches, les porcs, les lapins ou les poules. Ceux-ci tirent grand profit de l'action vermifuge des graines.
S'ils sont habitués à consommer des aliments industriels, les animaux peuvent, dans un premier temps, bouder la citrouille. Mais, après une période d'adaptation, ils finissent par l'apprécier.

Cou-tors hâtif 70 jours

Encore un plant non coureur qui porte des courgettes jaunes. Celles-ci sont ventrues, bosselées et à col recourbé ; tout le contraire de Gold Rush F1.
Le fruit se consomme jeune, avec la peau, quand il a encore sa coloration jaune pâle. Il se prête bien à la congélation. A maturité, il prend une teinte jaune très pâle quand on le fait sécher comme une coloquinte et devient très décoratif.

Pâtissons 60-75 jours

Les variétés à fruits blancs sont les plus connues, mais il y en a d'autres : orange, jaunes, vert pâle, vert foncé, panachées... Ces variétés se distinguent plus par le coloris et l'aspect que par la qualité gustative, qui est relativement homogène. La chair est dense, moins aqueuse que celle des courgettes.
Peler un pâtisson est un dur travail, aussi il vaut mieux le consommer jeune, alors que l'épiderme est encore

tendre. Sur les marchés, on trouve presque toujours des fruits mûrs, très difficiles à éplucher, alors que récoltés de la taille d'une paume de main, on peut les farcir et réaliser de bien jolis plats.
Jeune, un pâtisson panaché ne se distingue pratiquement pas d'un pâtisson blanc. Il faut donc attendre la maturité complète pour récolter les fruits destinés à la décoration. On les conservera dans une pièce tempérée et sèche.

Pomme d'Or 60-70 jours

Variété coureuse. On fait grimper les plants sur un grillage ou sur une branche fourchue plantée dans le sol.
Avec ses 5 cm de diamètre, le fruit à maturité rappelle une pomme jaune. A ce stade, la chair est fibreuse. Il est préférable de consommer les jeunes fruits quand ils sont encore verts. Si on récolte régulièrement, les plants produisent durant tout l'été.
La chair est très fine, fondante, de saveur agréable. La consistance rappelle la pomme de terre et le goût le fond d'artichaut. On consomme les fruits cuits à la façon des avocats : en entrée, nature ou avec une sauce type sauce de salade. On peut aussi les apprécier sucrés en dessert. Pomme d'Or plaît beaucoup aux enfants ; ils sont d'ailleurs enchantés d'en cultiver dans le carré qui leur est réservé.
A maturité, l'écorce est lignifiée, ce qui permet d'utiliser le fruit pour la décoration.
Toutes les courges qui suivent se consomment à maturité à partir de septembre-octobre, mais elles ne se conservent pas très longtemps. Après deux à trois mois de garde, leur chair devient fibreuse, les sucres se transforment, la qualité culinaire baisse.

Jack-Be-Little 90-100 jours

Comme pour Pomme d'Or, les tiges de Jack-Be-Little sont fines et les feuilles de petite taille. Il est préférable de faire grimper cette variété sur un support ; on gagne ainsi de la place et, à la récolte, les fruits sont parfaitement sains. On peut même redonner vie à un arbre mort en y faisant grimper des plants. L'effet est garanti en automne quand les mini-citrouilles sont formées !
Le fruit, qui tient dans la main, est très agréable à voir mais aussi à déguster. La chair, farineuse, sucrée et à goût de marron, se prête à bien des préparations. De quoi stimuler l'imagination créatrice en cuisine !

Sweet Dumpling 90-100 jours

On l'appelle encore Edible ou Chestnut Dream. Si les Anglo-Saxons la disent "comestible" (edible), cela veut dire qu'elle est bonne, délicieuse même !
C'est une plante peu envahissante, qui donne deux à quatre fruits d'excellente qualité, de la taille d'un pamplemousse. Ils sont parfaits pour être cuits farcis au four. Cette plante est peu productive, mais quelle finesse de chair !

Melonnette de Vendée 90-100 jours

Cette plante coureuse, également appelée Melonnette de Saint-Julien-de-Concelles, produit de très nombreux fruits ayant l'aspect d'un melon. L'épiderme est jaune, brodé et la chair très sucrée. Elle semble être une descendante de la courge Sucrière du Brésil, bien connue au XIXe siècle. Les fruits se conservent jusqu'au printemps.

Winter Luxury 90-100 jours

Le plant est coureur. Certainement le meilleur pumpkin (citrouille) américain.
La chair est agréablement parfumée et permet de cuisiner d'excellents desserts.

Acorn 80-100 jours

Les courges Acorn constituent un groupe. Certaines variétés sont coureuses, d'autres non. Les fruits ont en commun une forme de gland côtelé. La chair est fine, sans fibre avec des saveurs de noix, noisette ou amande. On ne retrouve pas le goût de citrouille qui parfois déplaît. On peut, avec ces courges, réaliser de délicieuses purées, ou les cuire au four sans les peler.

Courge spaghetti 100 jours

Les fruits de cette variété présentent une particularité unique chez les C. pepo. Après cuisson, la chair prend l'aspect de filaments assez fermes qui rappellent les spaghetti ordinaires.
La plante est coureuse mais peu envahissante. Elle produit 3 à 5 fruits oblongs de 30 cm de long que l'on récolte à maturité complète. L'écorce est assez claire, dans les tons jaune paille. La conservation peut se prolonger plus d'une année.
Cette courge est intéressante par la présentation de sa chair qui permettra de réaliser les recettes de spaghetti. Nature, la saveur des filaments est assez neutre.

Courge à graines nues 90-100 jours

Dans le commerce, cette courge porte des noms variés : Lady Godiva, courge-amande... La plante peut être coureuse ou non coureuse. La graine n'a pas d'écale (enveloppe) ; ainsi, on la consomme sans décorticage. Ce caractère est le résultat d'une mutation. La chair est de médiocre qualité. Comme chez toutes les courges, les graines sont très riches en protéines (34%) et en lipides (46%).

En automne, de petits rongeurs percent parfois les courges et les vident de leurs graines. Ce n'est pas dans le but de s'aménager un logement où passer la mauvaise saison mais pour faire provision de protéines et de calories qui leur seront bien utiles en hiver !

Dans le passé, les graines de courges étaient presque toujours consommées par l'homme, et parfois même à l'exclusion du reste du fruit, qui était jeté.

Pour trier les graines, on les fait fermenter avec les fibres comme on le verra dans le chapitre consacré aux semences. Les graines se consomment crues ou grillées. Elles ont des propriétés vermifuges et une action bénéfique sur la prostate. On peut les moudre. Pour cela, on utilise un robot, un mixer à potage ou tout autre moulin, en ayant soin de ne travailler que de petites quantités à la fois.

Potirons

Cucurbita maxima

Jaune Gros de Paris 100 jours
Rouge Vif d'Etampes 110 jours

Pour beaucoup de Français, ils représentent "le" potiron, "la" courge. Leur chair aqueuse et plutôt fade est appréciée par certains et rejetée par d'autres. Trop de consommateurs pensent à tort que c'est un caractère propre à tous les potirons et se privent ainsi de tous les potirons à chair ferme. Le potiron Jaune Gros de Paris est souvent sphérique, mais aussi parfois aplati. Il possède une large cavité centrale. L'écorce est tendre, facile à couper. Son poids peut être important (20 à 50 kg), ce qui est un inconvénient quand il s'agit de le consommer... en entier. La conservation est relativement brève : deux à trois mois.

Le potiron Rouge Vif d'Etampes est, lui, très aplati et côtelé. Comme son nom l'indique, l'écorce peut prendre une teinte très vive. Le poids des fruits est généralement de 10 à 20 kg. Passé trois mois de garde, la conservation est aléatoire. Parfois, la chair libère toute l'eau emmagasinée et le potiron s'étale sur son support !

Red Kuri 100 jours

Une des variétés japonaises qui portent le nom commercial de "potimarron". Cette plante donne de nombreux fruits de 2 à 3 kg, en forme de toupie. Leur écorce rouge vif à rose est très fine, ce qui permet de les cuisiner sans les peler. La conservation est bonne, le goût rappelle le marron. Ce type de chair sucrée sert de base à de nombreuses préparations.

Kabocha 90-100 jours

Encore une variété japonaise. L'écorce vert foncé avec quelques rayures plus claires est plus épaisse que celle de Red Kuri, donc à peler avant cuisson. Le fruit, en forme de sphère aplatie, pèse 2 à 3 kg. La chair est assez proche de celle de Red Kuri, peut-être un peu plus sucrée.

Chestnut Bush 100-110 jours

Le nom de cette variété américaine signifie "buisson de châtaignes". Le fruit est plutôt petit (1,5 à 2 kg). Chaque plant donne 2 à 4 fruits gris bleu. Les premiers se forment très près du pied ; la plante semble ne pas courir, mais, une fois la croissance de ces premiers fruits terminée, les tiges s'allongent et donnent naissance à une deuxième génération de fruits. C'est une des meilleures courges. Epiderme fin, à peler.

Buttercup 80-90 jours

Une très bonne courge hâtive. Sa conservation est plutôt courte : jusqu'à Noël seulement. Le fruit, d'environ 2 kg, est vert avec des rayures plus claires ; il présente une couronne du côté de la fleur et a souvent l'aspect d'une tranche cylindrique. La chair n'est pas aussi farineuse que celle de Red Kuri ou de Kabocha, ce qui, pour certains, est un avantage. Ecorce peu épaisse.

Courge Olive Verte 120 jours

Voilà une variété qui était connue en France au XIXe siècle. Par chance, des jardiniers avisés l'ont conservée jusqu'à nos jours. Elle donne, plutôt tardivement, 3 à 4 fruits de 3 kg, en forme d'olive.
L'épiderme est d'abord vert clair puis vert sombre. Pendant la conservation hivernale, des traces rouge orangé peuvent apparaître. Cette courge se garde très bien. La chair est d'excellente qualité, un peu sucrée, bien épaisse. A la cuisson, elle ne se transforme pas en un clair potage mais en une purée aussi épaisse que celle que l'on peut faire avec des pommes de terre. Ecorçage facile.

Mayo Blusher 110 jours

Cette plante a été conservée par les indiens Mayo en Arizona. Le fruit, de 4 à 6 kg, est oblong, ou parfois plutôt rond. L'épiderme, d'abord blanc, rosit à maturité (*to blush* signifie rougir). La qualité culinaire est intéressante et l'épiderme facile à peler.

Triamble 160 jours

Cette courge, appelée aussi Tri Star, est extrêmement tardive. Elle est très attractive par sa forme, car elle semble être composée de trois lobes arrondis réunis au niveau du pédoncule. Bien sûr, l'écorçage en est rendu un peu compliqué, mais on est récompensé par sa chair douce, sucrée, non farineuse. La conservation est excellente pendant une année et plus.

Potiron blanc de Mayet 100 jours

Une vieille variété de chez nous. Le fruit, de 2 kg environ, plutôt sphérique, est tout blanc, ce qui est assez inhabituel dans ce groupe. La chair est de bonne qualité, l'écorce fine et la conservation bonne.

Potiron bleu de Hongrie 120 jours

Un potiron qui nous vient d'Europe centrale. Le fruit, sphérique, aplati, dans les tons bleu-vert, est très dense, bien plein. Chaque pied donne 3 à 4 fruits de 5 kg pièce environ. Voilà un fruit à recommander pour des soupes de potiron très veloutées. Assez facile à écorcer.

Blue Banana 100 jours

Oui, il est allongé. Non, ce n'est pas une courgette bleue ! Comme on a pu le voir, ce n'est pas la forme du fruit qui indique l'espèce. C'est bien un vrai potiron. Le fruit, de 5 kg en moyenne et de 60 cm de long, a une écorce fine et une bonne valeur culinaire. Il possède, de plus, une qualité remarquable : sa chair se prête au séchage. La forme du fruit facilite la découpe de rondelles que l'on peut installer sur un support horizontal. Comme pour d'autres légumes séchés, il faut réhydrater avant de cuire. On obtient une préparation qui n'égale pas celle que l'on peut avoir avec la même courge fraîche, mais qui reste d'une qualité tout à fait correcte.

Pumpkin Show King 120 jours

En principe, un pumpkin c'est une citrouille et donc une *Cucurbita pepo*. Pourtant, nous avons affaire ici à une vraie C. *maxima*. C'est l'usage culinaire que l'on fait de cette variété qui la fait passer pour un pumpkin. L'épiderme est fin et l'écorçage facile. Aux USA, les énormes fruits de cette variété (50 à 100 kg et plus) sont consommés en tartes et en compotes. Ils se conservent plusieurs mois.

Le gigantisme de ce potiron est intéressant. Comme tous les légumes phénomènes, il est facteur de curiosité et donc de contacts entre les jardiniers. Ce genre de monstre amène avec lui un peu de rêve et conduit souvent le jardinier à plus d'intérêt pour la diversité variétale. De plus, il peut servir aux jardiniers biologiques à prouver que l'on peut obtenir de gros potirons avec une fumure organique raisonnable.

Giraumon

On parle aussi de potiron Turban, de Turban turc ou de Bonnet turc pour désigner ce fruit à l'allure surprenante. Il n'est pas seulement décoratif, mais aussi excellent au goût. Un giraumon semble résulter de la superposition de deux fruits différents : un hémisphérique et l'autre formé de trois bosses ou mamelons panachés longitudinalement dans lesquels se trouvent les graines. Une couronne liégeuse réunit les deux parties.

Les botanistes expliquent cette constitution spéciale. En général, chez les Cucurbitacées, l'ovaire est infère, il est profondément invaginé dans la fleur. Chez le giraumon, par exception, l'ovaire n'est pas totalement invaginé. Les trois mamelons qui sont plus ou moins en saillie tirent leur origine des carpelles de l'ovaire et la couronne provient du bord du réceptacle floral.

Il existe différentes variétés de giraumon, dont l'écorce des fruits peut être grise, verte ou orange. Les variétés à écorce fine sont préférables car plus faciles à éplucher. La chair est ferme, sucrée et farineuse. Poids : 1 à 5 kg.

Mooregold 100 jours

La plante donne 2 à 4 fruits de 2 kg dont la forme rappelle Buttercup (une tranche de cylindre). L'épiderme, orangé avec des taches plus claires, est peu lignifié, mais la chair, dure et même cassante, oppose une ferme résistance à l'écorçage. La qualité est intermédiaire entre les "farineuses" du type Red Kuri et les "non farineuses" du type Olive. Au moins 6 mois de conservation sans problème.

Golden Delicious 100 jours

Cette variété est le résultat de l'hybridation de deux excellentes courges américaines — Delicious et Autumnal Marrow — qui, elles, ont disparu. Le fruit fait penser à un gros potimarron orangé de près de 10 kg. La chair, excellente et épaisse, est toutefois peu farineuse. La teneur en vitamine C est élevée, ce qui fait préférer cette variété pour la nourriture des bébés. L'écorce est fine. Bonne conservation.

Golden Hubbard 100 jours

C'est une variété très populaire aux USA. La plante donne 3 à 5 fruits en double toupie. L'épiderme orange est bosselé et lignifié, ce qui rend le travail d'écorçage difficile. La chair, épaisse, n'est ni sucrée ni farineuse. La conservation est excellente.

Courges musquées

Cucurbita moschata

Toutes les courges musquées peuvent être consommées crues râpées, ce qui élargit la palette des préparations culinaires. Cuites, elles sont plus appréciées en soupes qu'en purées.

Butternut 110 jours

On compte plusieurs variétés de Butternut (noix de beurre), plus ou moins hâtives, plus ou moins longues, se gardant plus ou moins longtemps. Ces courges d'origine américaine demandent de la chaleur pour se développer et mûrir leurs fruits. Il faut leur réserver le coin le plus abrité du jardin.

Avec une courge Butternut, on doit pouvoir réaliser tout un repas :

— butternut râpée,

— purée de butternut cuite au four ou cuite à l'eau, ou butternut frite, ou butternut sautée,

— graines grillées,

— flan de butternut ou cake de butternut, etc.

Ces courges peuvent être également utilisées comme éléments décoratifs ; il suffit de les poser sur un meuble.

Créole 120 jours

Créole porte des fruits en forme de poire mais beaucoup plus longs que ceux des butternuts. Cette variété est proche de la courge Musquée de Naples. La chair est un peu moins sèche que celle des butternuts. Pour l'utiliser, on peut trancher une part après l'autre, le reste du fruit se conserve environ une semaine.

Courge Musquée de Provence 120 jours

C'est une variété traditionnelle du sud de la France. Récemment, elle a conquis une large place sur les marchés et dans la grande distribution grâce à sa productivité et la bonne conservation de ses fruits.
Si on cultive dans de bonnes conditions climatiques (cette courge demande presque autant de chaleur que le melon), on récolte de 4 à 8 fruits de 5 à 15 kg, aplatis, côtelés, bien pleins et sucrés.
A maturité complète l'écorce prend la teinte jaune clair à brun cuivré qui caractérise beaucoup de courges musquées. La chair est d'un orange très vif et se conserve bien même quand le fruit est tranché.

Courge de Naples 120 jours

Cette variété donne des fruits cylindriques, longs de 60 à 80 cm avec un renflement caractéristique du côté de l'ombilic (côté opposé au pédoncule). Leur poids varie de 5 à 30 kg. La chair est plus sèche que celle de la courge Musquée de Provence. Bonne conservation hivernale.

Courge Longue de Nice 120 jours

Cette variété est, à maturité, assez semblable à la courge Musquée de Naples.
Elle s'en distingue pourtant par l'usage qui en est fait : elle est le plus souvent cueillie jeune comme une courgette, et sert à réaliser la ratatouille provençale.
Elle est à la fois plus ferme et plus goûteuse qu'une jeune courgette.

Sucrine du Berry 110 jours

Une des C. *moschata* les plus faciles à cultiver au nord de la Loire.
La plante est prolifique : 5 à 8 fruits en forme de poire, de 1 à 2 kg chacun (parfois davantage). A la récolte, l'épiderme est encore souvent vert sapin, et il prend un ton paille durant la conservation.
La chair est sucrée et juteuse ; elle peut servir à préparer des confitures.

Courges mexicaines *Cucurbita mixta*

Dans cette espèce de courge, beaucoup de variétés sont sensibles à la photopériode (durée relative du jour et de la nuit). Chez nous, cela se traduit par un grand développement de la végétation avec absence de floraison avant fin août, ce qui est souvent trop tardif pour permettre une production. Pourtant, une variété se montre capable de bien fructifier :

Striped Cushaw 120 jours

Elle donne de très jolis fruits blancs rayés de vert. La conservation est assez bonne. La chair, jaune pâle, a une consistance plutôt tendre quand elle est crue. A la cuisson, on obtient une purée bien épaisse dont le goût peut être comparé à celui d'une purée de pommes de terre.

On peut conserver les semences des fruits, car, même sans pollinisation manuelle, la variété reste stable. En effet, les C. *mixta* sont très peu connues en France, aussi nos pieds de Striped Cushaw ont toutes les chances d'être les seuls représentants de cette espèce dans le voisinage. Si l'on cultive différentes variétés de C. *mixta* dans une même localité, l'hybridation est alors probable.

Courge de Siam ou melon de Malabar 110 jours

Cucurbita ficifolia melanosperma

Au Mexique, son pays d'origine, cette courge est vivace. Dans de bonnes conditions, quand elle ne manque pas d'eau, elle est très prolifique et couvre une grande surface. On a pu compter, en France, jusqu'à vingt fruits par pied !
Cette espèce était connue en Europe dès le début du XIXe siècle, mais un événement l'a mise en lumière au milieu de ce siècle. Il s'agit de l'arrivée en France de yacks en provenance d'Asie. Une grande quantité de courges de Siam avaient été embarquées pour servir de nourriture à ces animaux et, après un long voyage, beaucoup étaient encore intactes. A l'époque, quelques jardiniers eurent la curiosité de semer les étranges graines noires contenues dans ces drôles de "melons" blancs tachetés de vert. Comme on avait affaire à une espèce à part, cette variété s'est conservée jusqu'à nous. Le fruit se garde durant deux années et parfois trois. Alors, quand on entend que la courge se garde mal, on peut évoquer l'existence de cette variété !
Aux USA, la chair est utilisée dans les salades de fruits. Chez nous, on en fait de la confiture (cheveux d'anges) ou une sorte de choucroute (sans fermentation).

Gourdes

Genre Lagenaria

Les gourdes sont comestibles quand elles sont jeunes. Les Italiens consomment les variétés à fruits longs à la façon des courgettes. La chair est très blanche et spongieuse. Certains apprécient cette particularité, d'autres pas.
Ce sont des plantes avides de chaleur. Elles poussent là où les autres Cucurbitacées sont gênées par les hautes températures. En Afrique, où l'eau potable n'est pas disponible partout, elles ont l'avantage de produire des légumes riches d'une eau puisée dans les profondeurs du sol. Un vrai filtre biologique qui fonctionne à l'énergie solaire !
Chez nous, les gourdes sont utilisées pour la décoration. C'est l'objet d'un chapitre à part.

Jardinage

La culture

Plantez courges et potirons dans un terrain bien dégagé et, si possible, orienté au sud. On offre ainsi un ensoleillement maximum à ces plantes d'origine tropicale qui apprécient la chaleur. Il leur faut également un sol riche conservant bien l'humidité. Des conditions de culture défavorables peuvent être améliorées par la fumure et la couverture du sol.

Fumure

Les courges, en bonnes compagnes de l'homme, apprécient de vivre sur les détritus. Elles aiment l'humus. Tous les jardiniers ont vu de jolis plants se développer sur un tas de compost où des fruits gâtés avaient été jetés.

De ce fait, on a pris l'habitude d'installer les courges sur un "poquet nutritif" : on apporte une ou deux fourchées de compost à demi-mûr (ou du terreau), on recouvre avec une pelletée de terre, puis on sème ou on repique. Quand les conditions de culture sont défavorables, les jeunes plants apprécient de se développer ainsi sur du compost pur.

En général, il vaut mieux répartir le compost sur toute la zone qui sera explorée par les racines, soit 3 ou 4m^2 pour chaque plant de variété coureuse. En effet, les racines, dans le sol, s'allongent autant que les tiges au-dessus.

Si la culture de courges suit le défrichage d'une luzerne, on peut se passer de tout apport de compost pendant deux années.

Il faut considérer différemment la fumure du terrain selon que l'on veut obtenir de jeunes fruits (courgettes) ou des fruits mûrs pour l'hiver. Une fumure importante permet d'obtenir de nombreux fruits de gros calibre. Mais les plants sont alors plus sensibles aux parasites et les fruits plus riches en nitrates. Une fumure limitée conduit à une plus petite récolte, mais la conservation est bien meilleure. En choisissant bien les variétés, on arrive ainsi à consommer des courges saines tout au long de l'année.

La fumure classique consiste en un apport de compost mûr ou demi-mûr à raison de 10 litres (deux pelletées) par pied. On peut aussi apporter de la matière organique en cultivant des engrais verts avant les courges, à l'automne précédent. Au moment du semis ou du repiquage, il ne doit plus subsister dans le sol de matières végétales fraîches, comme, par exemple, des touffes d'herbe. Autrement, la croissance sera mauvaise.

Semis et repiquage

La germination est une phase délicate. Il faut donc en connaître les conditions optimales. Pour germer rapidement, les semences demandent une température de 20 à 30°C, de l'humidité et de l'oxygène. Quand le terrain est gorgé d'eau, l'oxygène manque aux semences, le sol reste froid et les graines ont alors tendance à pourrir.

On peut tester la faculté germinative des semences. On tapisse le fond d'une boîte en plastique avec un papier absorbant imbibé d'eau, on y dépose les semences, on ferme avec le couvercle et on installe cette boîte à 20°C ou un peu plus. En 48 à 72 heures, les premiers germes apparaissent. Si les semences sont vieilles (plus de 5 ans), cela peut demander 5 à 8 jours. A noter : la racine sort par le bout effilé de la graine ; on sèmera donc à plat ou pointe en bas. Certaines variétés (de gourdes en particulier) ne germent pas ainsi, alors qu'elles le font normalement en terre.

A ce stade, on peut installer les graines en pleine terre ou en godets. Cette germination en boîte est à recommander pour les semences de courges à graines nues, qui autrement pourrissent facilement, ou lorsqu'on dispose de peu de graines.

Toutes les courges sont des plantes frileuses qui peuvent être détruites par le gel. A l'extérieur, on fait les premiers semis en même temps que ceux des haricots, c'est-à-dire à partir de la mi-mai dans la plupart des régions (mi-avril dans le Midi). On sème 3 ou 4 graines au même endroit puis, un mois plus tard, quand les plants se développent, on ne conserve que le plus joli et on détruit les autres.

Si on veut hâter la récolte, il faut mettre en place de jeunes plants au moment du repiquage des tomates. Trois semaines auparavant, on remplit des godets avec un mélange terreux apte à constituer une motte. A 1 cm de profondeur, on sème 2 ou 3 graines par godet. On assure 20 à 25°C et une humidité convenable. En 6 à 10 jours, on voit apparaître les cotylédons.

Les plants demandent la pleine lumière, sinon la jeune tige risque de s'allonger démesurément (étiolement). Les cotylédons se développent, puis une vraie feuille se montre. Selon les conditions de température, 12 à 18 jours se sont écoulés depuis le semis ; il est temps d'installer les plants en pleine terre, sans casser la motte. Il est important de ne repiquer que de jeunes plants (avec une seule vraie feuille). Une courge repiquée plus vieille, au stade 3-5 vraies feuilles, par exemple, se développera moins bien et craindra davantage la sécheresse.

Le plant est repiqué, avec sa motte, au centre d'une cuvette aménagée en vue de favoriser les premiers arrosages. Toute la portion de tige, jusqu'aux cotylédons, est capable de former des racines ; on peut donc enterrer le plant jusqu'à ce niveau.

Quand le printemps est très pluvieux, la cuvette ramène l'eau sur le pied, ce qui peut entraîner sa pourriture. Là où ces circonstances climatiques sont fréquentes, la plantation sur butte est à conseiller.

La hauteur de la butte varie de 10 cm en sol perméable à 20 cm en sol lourd. En semant ou repiquant sur le versant exposé au sud plutôt qu'au sommet, on gagne quelques jours de précocité.
Pour les jeunes plants, il est utile de prévoir une protection nocturne en cas de menace de gel. On peut utiliser, par exemple, une cagette à fruits sur laquelle on agrafe une feuille de plastique ou de papier fort. Avec une feuille de plastique transparent, la cagette peut constituer une mini-serre aérée, sous laquelle il n'y a pas de risque de surchauffe et de brûlure.
En toutes régions, on installe les plants au plus tard début juin, sinon les premières gelées d'automne stoppent la végétation avant que les fruits ne soient mûrs.
En ce qui concerne l'espacement des plants, il faut distinguer les variétés non coureuses, les variétés coureuses à végétation peu ramifiée et les variétés coureuses à grand développement. Le plus souvent, les variétés non coureuses sont des *Cucurbita pepo* (courgettes et pâtissons). On prévoit de 1 m à 1,50 m d'écartement entre les plants.
Parmi les variétés coureuses, on trouve toutes les autres espèces : *Cucurbita maxima*, *Cucurbita moschata*, *Cucurbita mixta*, *Cucurbita ficifolia* et le genre *Lagenaria*. On compte 1,50 à 2 m entre les plants des variétés à développement moyen, et 2 m à 2, 50 m pour celles à très grand développement (surtout C. *ficifolia*, C. *moschata* et *Lagenaria*).
Pour économiser l'espace au sol, on peut faire grimper sur un support les variétés dont les fruits ne sont pas trop gros (2 à 3 kg maximum). Ce support pourra être une branche fourchue fichée en terre ou trois perches attachées ensemble au sommet.

Culture associée des courges, du maïs et du haricot

Certaines plantes poussent mieux ensemble que séparément. Ceci est bien connu des jardiniers biologiques. En Amérique, dans la culture traditionnelle, les courges, le maïs et le haricot grimpant sont souvent plantés en association. Dans cette association, tout le monde s'y retrouve. Les courges coureuses s'étendent sur le sol et occupent l'espace horizontal alors que les maïs grandissent tout en hauteur, procurent un peu d'ombre aux Cucurbitacées et servent de tuteurs aux haricots grimpants. Ce qui se passe dans le sol est aussi très complémentaire : les racines des courges s'étendent beaucoup alors que celles du maïs s'allongent relativement peu.
Les haricots, comme toutes les légumineuses, sont capables de fixer l'azote de l'air grâce aux nodosités de leurs racines. En se décomposant dans le sol au fur et à mesure de la croissance des plants, ces racines libèrent l'azote qu'elles contiennent. Cet apport nutritif favorise le développement végétatif des courges et du maïs, qui tous deux demandent une terre bien pourvue en azote. De plus, il se peut qu'il

existe une interaction positive par le biais de sécrétions racinaires de nature non définie.
On a affaire à trois plantes gélives, plutôt exigeantes en chaleur et qui demandent un sol bien pourvu en eau, aussi cette association marche mieux si on jardine dans la zone climatique du maïs tout en assurant un approvisionnement correct en eau. Les effets bénéfiques de l'association ne peuvent pas compenser les handicaps que sont un climat trop froid ou excessivement sec.
Prenons l'exemple d'un carré de 6 m x 6 m. Avec un espacement de 2 m en tous sens, on peut y prévoir 16 poquets de courges et 3 lignes de maïs de 6 m chacune. On sème, en place, le maïs (pas trop serré) et les courges au tout début mai. Puis, dès la levée, soit vers la mi-mai, on sème les haricots grimpants parallèlement au maïs. On choisira une variété de développement comparable à celui du maïs.

Maladies

Dans la plupart des régions françaises, la culture des courges pose peu de problèmes sanitaires. Le plus souvent, la maladie est une réponse de la plante à des conditions de culture inadaptées ou à des erreurs de jardinage.
La première étape est particulièrement délicate : les graines germent mal dans un compost trop riche et trop humide et elles risquent de pourrir. Les jeunes plants, eux, dépérissent quand le printemps est froid et humide. Il est préférable, parfois, de retarder un semis ou un repiquage et d'attendre des conditions favorables.
Certaines années, quand il y a beaucoup de pucerons, on en retrouve sur la face inférieure des courges, mais, en général, leurs dégâts restent limités. Sur un même terrain, avec des conditions de sol homogènes, certaines plantes peuvent être envahies alors que, quelques mètres plus loin, d'autres ne sont pas touchées.
Les pucerons transmettent les virus des plantes malades aux plantes saines. Le plus à craindre est le virus de la mosaïque de la courge : il occasionne une moindre vigueur de la végétation, des décolorations et des déformations du feuillage, ou, parfois, une production anormalement faible. Il faut détruire les plantes virosées en les brûlant, et ne pas récolter de semences sur les plantes voisines, car les virus peuvent se localiser dans les enveloppes extérieures des graines. Les régions du sud de la France sont, pour l'instant, les plus touchées.
En fin de saison, quand la température baisse et l'humidité atmosphérique devient plus importante, un feutrage blanc se montre parfois sur le feuillage ; il s'agit de l'oïdium. En général, ce champignon s'installe sur les pieds qui sont en fin de cycle. Il reste donc rare sur les C. *moschata* et les *Lagenaria* qui sont encore en plein développement.
Si l'attaque d'oïdium reste limitée aux plants les plus hâtifs, il convient de ne rien faire. Les plantes étant en fin de végétation, les fruits sont mûrs. Par contre, si

l'attaque est précoce et/ou généralisée, on peut retarder son extension avec des pulvérisations de soufre ou de décoction de prêle (ou de toute autre préparation à base de produits naturels ayant une action fongicide). Après la récolte, quand les tiges sont desséchées par le gel, il est préférable de les brûler pour éliminer les spores du champignon responsable de l'oïdium. De la même façon, pour ne pas favoriser le développement des maladies, on ne jette pas les fruits qui se gâtent sur un tas de compost que l'on destine aux courges l'année suivante.
Les semences que l'on récolte soi-même sont rarement parfaitement propres. Des bactéries et des champignons microscopiques peuvent subsister dans les résidus qui entourent les graines. On peut s'en débarrasser par un traitement à l'eau chaude : à la fin de la phase de fermentation (voir le chapitre consacré aux semences), on lave les graines à l'eau claire puis on les immerge durant 40 à 60 minutes dans de l'eau chauffée à 55°C maximum. On peut utiliser un chauffe-biberon électrique thermostaté dont on a vérifié la stabilité de la température. Il est prudent de ne traiter que quelques semences ; on les fait sécher puis on teste leur germination. Si l'essai est concluant, on peut alors traiter tout le lot. Cette technique peut être utilisée pour d'autres semences, mais avec des durées et des températures différentes. Elle était courante chez les grainetiers avant l'utilisation des produits chimiques d'enrobage.

Paillage ou mulching

Quand le sol est réchauffé, avant le développement des tiges coureuses, il est utile de recouvrir le sol de matériaux organiques disponibles localement (paille, paillettes de lin, balle d'avoine, écorces de pin, fougères, tontes de gazon, etc.). Une épaisseur de 5 à 10 cm permet de limiter l'évaporation et donc d'économiser l'eau. De plus, le paillage contrarie l'envahissement par les mauvaises herbes. Avec la paille, on compte une botte de 10 kg pour 3 à 5 plants, soit une botte pour 10 à 15 m^2.
Chez les variétés coureuses, la tige est capable de s'enraciner au niveau du départ de chaque feuille. Cela permet un meilleur approvisionnement en eau de la plante. On peut favoriser cet enracinement en ramenant un peu de terre à ce niveau. Bien sûr, si on fait grimper la plante ou si le sol est paillé, l'enracinement de la tige devient impossible. A chacun de choisir la solution la mieux adaptée.

Récolte et conservation

Tout au long de l'été, on cueille les fruits qui doivent être consommés jeunes : courgettes, Pomme d'Or, pâtissons... Pour les fruits qui seront conservés en hiver, on attend, pour récolter, les signes de maturité. Quand la plante a bouclé son

cycle, les fruits mûrs portent des semences capables de germer. On est parti d'une graine pour arriver à de nouvelles graines. La vie pourra se poursuivre.
Les signes extérieurs de maturité sont les suivants :
— la plante ne pousse plus, le feuillage jaunit, l'oïdium s'installe ;
— l'écorce des fruits prend sa coloration définitive et un reflet mat ; le pédoncule devient plus sec, ligneux ; chez les potirons (C. *maxima)*, il vire du vert au brun.
Certaines variétés bouclent leur cycle en 80 jours ; d'autres demandent 100, 120 jours ou plus. Cela est, bien sûr, fonction du climat. En conditions défavorables, la durée du cycle est allongée.
En fin d'été, les fruits sont à leur taille maximale, mais ce n'est pas un signe de maturité. Goûtez donc à une grosse pomme qui n'est pas mûre !
En septembre-octobre, si le temps est humide, les courges se gorgent d'eau, ce qui nuit à leur conservation. Pour évacuer l'excès d'eau, on peut couper le pied des courges 5 à 10 jours avant la date prévue pour la récolte. Le feuillage sert alors d'évaporateur. Pour augmenter la transpiration, on peut aussi cueillir les courges avant les gelées, en conservant à chacune une portion de tige feuillée.
On récolte habituellement fin octobre. Les premières gelées ont détruit le feuillage, mais les fruits mûrs résistent, sans protection, à des températures nocturnes de 3°C. On peut les installer, durant deux à trois semaines, dans un local ventilé maintenu à 20°C environ. Cela favorise la cicatrisation des petites blessures occasionnées à l'écorce lors de la récolte et du transport, et contribue à assainir les fruits. A condition d'avoir un peu de soleil, un tunnel plastique convient bien si on y maintient un courant d'air. Il faut en effet éviter d'y cuire les courges ! Si on stocke dès la récolte dans un local à 10°C (un sous-sol, par exemple), la vitesse de maturation est divisée par deux par rapport à un local à 20°C.
Il faut résister à l'envie de porter les fruits par le pédoncule. Cela entraînerait des micro-cassures dans cette zone et, quelques mois plus tard, cette partie du fruit se gâterait en premier.
On stocke les fruits à plat, dans un local sec et bien ventilé. Une température de 10 à 15°C convient, mais on peut aussi garder des courges dans des locaux habités, plus chauds. La nature du support semble peu importante pourvu qu'il soit perméable et laisse respirer et transpirer le fruit. Le plastique est donc à proscrire. Il est important d'assurer une bonne circulation de l'air : une courge installée dans un carton, même maintenu ouvert, se conserve toujours mal.
Après la récolte, la maturation du fruit et des semences se poursuit encore durant plusieurs semaines, à conditions d'assurer une température minimale de 15°C environ. Il vaut mieux consommer les *Cucurbita pepo* dans les 2 à 3 mois qui suivent la récolte. Après, la qualité de la chair diminue. Les potirons (C. *maxima)* conservent longtemps leur qualité. Quant aux courges musquées (C. *moschata)*, la conservation les améliore.

La courge, en général, a la réputation de mal se garder. Il est vrai que certaines variétés ont une conservation de 2 à 3 mois, ce qui est assez court. Comme pour d'autres légumes, on peut alors congeler des préparations cuites ou bien conserver en bocaux stérilisés. Cependant, beaucoup de variétés sont de longue garde — une année voire plus —, mais il faut noter que, passé 8 à 10 mois, la saveur peut devenir un peu forte du fait de la transformation des sucres.
Si l'on tient compte de l'aptitude à se conserver lorsqu'on choisit des variétés à cultiver, on peut cuisiner courges et potirons tout au long de l'année. De vraies conserves vivantes !

Les semences

Les Cucurbitacées font partie des plantes allogames chez lesquelles les fécondations croisées entre pieds différents sont dominantes. Cela signifie que si on ne prend aucune précaution, dans une même espèce, les variétés peuvent se croiser et donner des plantes hybridées. Pour garder les caractères propres d'une variété, il faut donc diriger la fécondation. Au contraire, chez les plantes autogames (pois, haricots...), chaque fleur se féconde elle-même. Les variétés se maintiennent fidèlement sans intervention humaine ; on peut récolter ses propres semences.

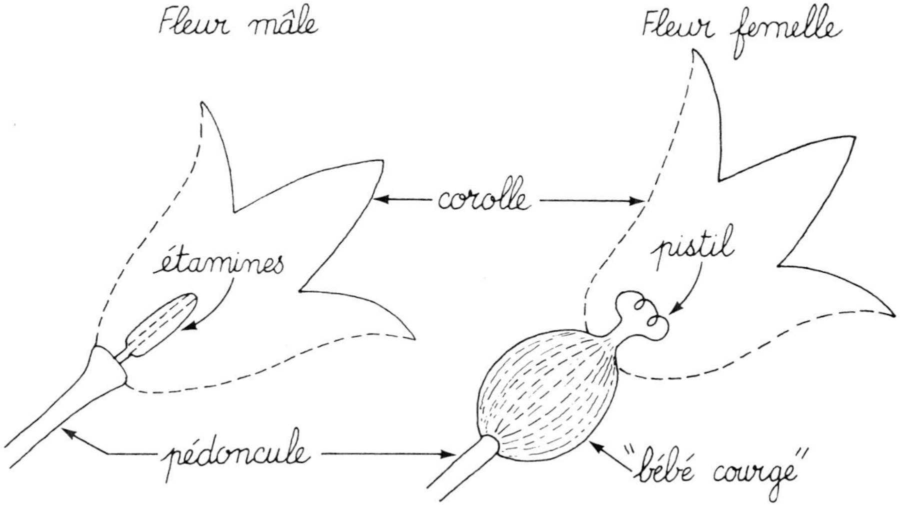

Chaque pied de courge ou de potiron porte des fleurs femelles et des fleurs mâles distinctes. Les insectes butineurs, à la recherche de nectar, visitent au hasard fleurs mâles et fleurs femelles, transportent involontairement le pollen des fleurs mâles et le déposent sur le pistil des fleurs femelles. Ces insectes assurent ainsi la pollinisation et la fécondation, ce qui permettra au fruit de se développer.
Prenons l'exemple d'un pied de potimarron Red Kuri. Cette variété appartient à l'espèce *Cucurbita maxima*. En pollinisation libre (par les insectes), ce pied produira au moins un potiron. Les graines de ce potiron Red Kuri auront toutes la même

"mère", mais pourront avoir des "pères" différents si les insectes ont butiné les fleurs mâles de diverses variétés de potirons. Donc, les abeilles et les autres insectes pollinisateurs sont responsables du croisement des variétés et fabriquent des hybrides.
Si on sème les graines prélevées dans des courges dont la fécondation n'a pas été dirigée, les fruits récoltés seront très variables. Par exemple, en cultivant côte à côte un pied de Pomme d'Or et un pied de pâtisson, on récoltera des Pomme d'Or et des pâtissons. Si on récupère les graines de ces fruits pour les semer l'année suivante, on aura la surprise de récolter des fruits qui présenteront des caractères intermédiaires entre Pomme d'Or et pâtisson, car on a affaire à une même espèce (*C. pepo)*, ce qui rend possibles les hybridations naturelles (croisements). Les jardiniers parlent de dégénérescence. Il ne s'agit en fait que de mélange des variétés.
Certains pensent qu'il suffit de cultiver une seule variété dans son jardin pour ne plus avoir de problème de croisement. Or, les abeilles voyagent beaucoup pour trouver leur nourriture et transportent le pollen sur plusieurs centaines de mètres. Des hybridations à distance peuvent alors se produire. Comment faire alors pour obtenir des semences qui portent les caractéristiques d'une variété ? On y arrive en contrôlant le dépôt du pollen.
Considérons une grande étendue (5000 m^2) plantée avec une variété fixée (une "lignée pure") de *Cucurbita maxima.* Si cette plantation est éloignée de plusieurs kilomètres de tout autre plant de *Cucurbita maxima,* alors on comprend que les abeilles polliniseront les fleurs sans opérer de croisement. On pourra prélever les semences de ces potirons porte-graines. C'est ainsi que l'on produit la plus grosse partie des semences du commerce.
On peut aussi contrôler le dépôt du pollen en isolant une variété sous un filet anti-insectes ; puis, on introduit sous ce filet des insectes butineurs qui vont visiter les fleurs ainsi protégées. Bien entendu, il faut que les insectes introduits n'aient pas auparavant visité d'autres fleurs.
Enfin, une autre technique à la portée de l'amateur permet de contrôler la fécondation et donc de conserver des lignées pures : il s'agit de la pollinisation manuelle.

La pollinisation manuelle

Nous avons vu que chez les Cucurbitacées, parce que nous avons affaire à des plantes allogames, le pollen peut venir de fleurs mâles portées par différentes variétés ; c'est donc cela qu'il faut supprimer.
Un pied de Cucurbitacée porte à la fois des fleurs mâles et des fleurs femelles. La manipulation va consister à déposer sur le pistil d'une fleur femelle du pollen pris sur l'étamine de la fleur mâle. Par cette technique de pollinisation manuelle, on peut obtenir des semences qui produiront des fruits identiques à ceux qui avaient

donné la semence. Il faut pour cela avoir semé les graines d'une lignée pure (appelée "homozygote"). Cela signifie que tous les ovules enfermés dans leur bébé courge ont à peu près le même génotype (le même patrimoine génétique).

On opère sur des fleurs encore vierges ; pour cela, vers 16-18 heures, on repère sur un même pied des fleurs mâles et femelles gonflées, jaunes et prêtes à s'ouvrir dans la nuit. Chez les variétés coureuses de *Cucurbita pepo, maxima, moschata, mixta* et *ficifolia,* les fleurs femelles se trouvent sur les tiges, à l'aisselle d'une feuille ; les fleurs mâles sont tout d'abord près du pied, puis, plus tard, sur les tiges.

Pour garder les fleurs vierges, on empêche leur ouverture en les coiffant avec un pot de yaourt cylindrique ou un petit sachet en kraft épais, ou bien encore en pinçant l'extrémité avec un fil électrique rigide. Le matin suivant, on détache la fleur mâle (vierge car couverte), on découpe la corolle ; l'organe mâle montre trois lignes où apparaît le pollen. Puis on frotte l'organe mâle sur le pistil d'une fleur femelle vierge du même pied. Parfois, il est nécessaire de polliniser avec deux ou trois fleurs mâles afin que le pistil de la fleur femelle soit bien couvert de pollen. Il faut ensuite ligaturer la corolle de cette fleur femelle pour la mettre à l'abri de tout autre pollen. On peut même la recoiffer avec un pot de yaourt ou un sachet de kraft qu'on laissera en place jusqu'à la fin de la journée.

On repère le fruit ainsi fécondé en baguant le pédoncule avec un fil électrique assez long en prévision de la croissance. Lors de la récolte, on aura ainsi un signe distinctif permettant d'identifier les fruits porteurs de semences ayant les mêmes caractères que la plante qui les a donnés.

La température au moment où l'on pollinise est déterminante dans la réussite de cette opération. La température idéale semble être celle qui règne ordinairement quelques heures après le lever du soleil, au moment du plus important butinage, soit à peu près toute la matinée. L'après-midi, sous une forte chaleur, la pollinisation manuelle réussit moins bien. La pollinisation est réussie quand le fruit se développe normalement ; sinon, le bébé courge se ramollit et finit par se détacher de son pédoncule.

La pollinisation manuelle des Cucurbitacées revient donc à un mariage autogame artificiel. Il faut noter qu'un pied de courge donne le même type de fruit en pollinisation libre ou manuelle, car la forme du fruit est déterminée par le patrimoine génétique de la plante-mère et non celui du pollen reçu.

Dans le genre *Lagenaria,* la manipulation est identique mais ne se pratique pas au même moment de la journée. Les fleurs des gourdes s'ouvrent dans la soirée et sont fécondées par des insectes nocturnes. Ces fleurs sont blanches, et les insectes qui les visitent ne semblent pas se guider à l'aide d'un repère visuel mais plutôt olfactif. On va donc, le matin, couvrir les fleurs encore fermées et donc vierges. Le soir, vers 18 heures, elles se seront épanouies sous leur protection et on procédera à la pollinisation manuelle.

Si on veut que la pollinisation manuelle entraîne le développement d'un fruit, il faut de préférence la pratiquer sur les toutes premières fleurs femelles qui apparaissent sur un jeune plant. Ensuite, on surveillera le développement du fruit. Si le premier essai n'a pas été couronné de succès, il faudra féconder une nouvelle fleur.
Il est parfois difficile de disposer en même temps de fleurs mâles et de fleurs femelles. Certaines plantes ouvrent alternativement des fleurs mâles et des fleurs femelles, un jour les unes un jour les autres ! On ne peut alors que supprimer les fleurs femelles en attendant le jour où on aura à la fois une fleur femelle et au moins une fleur mâle.
En général, sur un pied de *Cucurbita maxima*, on récolte de deux à cinq fruits. Le plant produit beaucoup plus de fleurs femelles, mais la plupart avortent (on dit qu'elles coulent). Seules quelques-unes donneront un fruit. On ne peut pas prévoir lesquelles.
Pour qu'un pied de courgette (*Cucurbita pepo*) produise en abondance, il faut récolter régulièrement les jeunes fruits qui se forment. Si on en laisse grossir un ou deux, le plant continue de fleurir mais ne produit plus de jeunes fruits. Tout se passe comme si la plante concentrait toute sa vigueur au profit des premiers fruits. Lorsque la croissance des courgettes est complète, les fleurs femelles ne coulent plus et de jeunes courgettes se développent à nouveau.
Souvent, chez les espèces coureuses, deux fleurs femelles sont implantées à l'aisselle de deux feuilles successives. Fréquemment, la pollinisation de la deuxième fleur réussit mieux et on obtient un fruit de plus gros calibre.
Certaines variétés anciennes donnent des fruits variables quant à la forme ou au coloris. C'est l'expression d'une diversité génétique qu'il convient de conserver.
La pollinisation manuelle pied sur pied (fleur mâle et fleur femelle prises sur un même pied) conduit à un certain appauvrissement génétique. Après une dizaine de générations, on peut constater un affaiblissement des plantes : moindre vigueur et baisse de 10% environ pour le poids des fruits. Cette façon de procéder est pourtant indispensable pour les collectionneurs et découvreurs de nouvelles variétés. Elle seule permet d'isoler des variétés chez les plantes allogames.
Lorsqu'on est soucieux de conserver toute la richesse du patrimoine génétique des variétés et quand on est sûr de la pureté de ses semences, il est préférable de féconder en prenant la fleur mâle et la fleur femelle sur des pieds différents de la même variété.
Au moment de la récolte, on peut se rendre compte de la conformité d'un fruit par rapport au type de la variété. Si le pied qui a fourni le pollen donne des fruits non conformes au type, on ne peut pas considérer les graines obtenues avec ce pollen comme des semences de lignée pure. Cela est vrai même si le fruit qui porte ces semences est, lui, conforme, car porté par un pied de lignée pure.
On peut conserver les semences de lignée pure durant plusieurs années. Il suffit de

les reproduire dès qu'elles montrent des signes de baisse de la faculté germinative. Pour estimer celle-ci, on installe quelques graines dans des conditions optimales de germination, c'est-à-dire sur du papier absorbant maintenu humide, et à 20-25°C.

La conservation des semences

Les semences se conservent dans un état de vie ralentie. Chez les Cucurbitacées, la durée de la faculté germinative est de 4 à 6 ans. Cela veut dire que, passé cette période, on a seulement 50% des semences capables de germer, même si elles sont placées dans des conditions optimales.
On connaît les facteurs qui jouent sur la conservation des semences :
le mode de "nettoyage" des graines ; le degré hygrométrique (taux d'humidité) ; la température de stockage ; la nature des récipients de stockage.

1) Le nettoyage des graines

Quand on coupe en deux une courge, on découvre les semences dans la cavité interne, chacune reliée à la chair du fruit par un filament nourricier. L'ensemble de ces filaments constitue le placenta.
Au jardin, quand un fruit est abandonné à lui-même, inévitablement il pourrit. De ce fait, il libère ses graines, qui vont se trouver, au printemps suivant, sur le sol prêtes à germer. Cela peut nous suggérer une bonne méthode pour nettoyer les semences, qui, habituellement sont triées à la main, lavées et enfin séchées.
A la main, on extrait les semences et le placenta de la cavité du fruit. On laisse le tout fermenter à 20°C dans un récipient en plastique pendant 4 à 6 jours. Le placenta va plus ou moins se liquéfier lors du rinçage. Les bonnes graines, plus denses que l'eau, coulent ; on peut ainsi facilement éliminer les autres, qui flottent. On utilise ensuite un tamis (à maille adaptée à la taille des semences) pour séparer les fibres et les graines. On utilise la même méthode pour les semences de la tomate.
Les graines ainsi nettoyées sont mises ensuite à sécher sur une claie que l'on place dans un endroit bien ventilé, plutôt sec, où la température n'excède pas 35°C. Au bout de 8 à 10 jours, les semences sont bien sèches ; une fine pellicule translucide s'en détache.
Des essais ont montré que les semences qui ont subi une légère fermentation ont une meilleure faculté germinative que celles qui ont été mises à sécher directement.

2) L'influence du degré hygrométrique

Pour rester longtemps vivante, une semence doit être stockée très sèche dans un local à l'abri de l'humidité. Chaque fois que l'on abaisse le taux d'humidité de 1%, on double la durée de vie des graines. On a donc intérêt à stocker celles-ci très sèches dans des récipients en terre ou des sachets en plastique étanches.

3) L'influence de la température de stockage

Chaque baisse de 10°C de la température de stockage permet de doubler la durée de vie des semences. D'autre part, il faut éviter les variations de température.

4) Les conditions de stockage optimales

L'idéal est donc de conserver des semences très sèches dans des récipients étanches que l'on place dans un endroit frais où la température varie peu : cave, réfrigérateur.

Il faut exclure les meubles et tiroirs en bois aggloméré. Ils dégagent du formol (ou formaldéhyde) qui détruit la faculté germinative des semences.

On peut aussi congeler à -18°C, à condition que le taux d'humidité soit bas : 7 à 8 %. Dans ce cas, la durée de vie des semences est, bien sûr, très longue. Toutefois, lorsque les récipients sont remis à température ambiante, il ne faut pas les ouvrir avant complet réchauffement pour éviter la condensation qui ne manquerait pas de se produire sur des graines très froides exposées à l'air ambiant. On connaît mal l'influence du froid sur l'intégrité du génotype des plantes.

CUISINE

En France, actuellement, on parle encore trop souvent de courge au singulier. Comme s'il n'existait qu'une seule variété et qu'un seul type de préparation : la soupe de courge.

Dans une exposition, quand le public rencontre pour la première fois 100 ou 200 variétés de Cucurbitacées, c'est d'abord l'émerveillement, puis des questions surgissent :

— "Comment se fait-il qu'on ne connaisse pas cela alors que ça existe ?"

— "C'est très beau, très étrange... mais est-ce que ça se mange ?"

Pour nous, "courge" est synonyme de pauvreté. C'est même un terme péjoratif. Fischler(1) a montré que, dans toute civilisation, les aliments sont porteurs d'une dimension symbolique très importante. Avec les aliments que nous consommons, nous incorporons également les qualités propres à ceux-ci, ou celles qu'on leur attribue. Tout se passe comme si nous étions modelés à l'image de ce que l'on ingère. Qui veut devenir courge ? Personne, bien sûr ! Une part du malentendu vient de là.

En France, ce légume a une image si vulgaire que prononcer son nom suffit à faire naître une attitude de rejet. Il est vrai que les deux à trois variétés proposées par la grande distribution contribuent, par leur qualité médiocre, à cette image négative. Il y a aussi l'étrangeté des formes et des coloris. Un fruit décoratif ne semble pas être bon à consommer. C'est ainsi que beaucoup de courges finissent leur vie dans les vitrines des magasins ou sur les étagères des cuisines.

Face à un nouvel aliment, Fischler précise les deux attitudes possibles :

— les plus aventureux prennent le risque de goûter ;

— les autres, par prudence, se détournent. Ce qui n'est pas habituel n'est pas acceptable comme aliment.

A l'école maternelle, en automne, on fait souvent de la compote de pommes. Plusieurs fois, comme je suis instituteur, j'ai proposé d'en faire avec des courges Winter Luxury, en les présentant aux enfants comme de "grosses pommes américaines". Ils apprécient cette compote, sauf si on précise qu'il s'agit de courge ; elle devient alors beaucoup moins bonne pour certains !

Il faut du temps pour adopter un nouveau légume, de nouvelles préparations culinaires. Le temps d'y goûter, de trouver ça bon, étrange, trop sucré pour une purée ou trop farineux pour une courge.

(1) Le sociologue Fischler est l'auteur de "L'Homnivore", Editions Odile Jacob.

Valeur nutritive de certains potirons et courges comparée à celles du

	Energie (cal)	Eau (g)	Protéines (g)	Lipides (g)	Glucides (g)	Amic (g
Courgette	12-13	95	1,0-1,4	0,1	1,6-1,9	0,
Table Queen (C. *pepo*)	35	86	0,8	0,1	7,0	1,
Butternut (C. *moschata*)	41	85	1,0	0,1	5,0	4,
Hubbard (C. *maxima*)	34	88	2,0	0,5	5,0	1,
Pink Banana (C. *maxima*)	20	97	2,0	0,2	3,0	0,
Pois mangetout	18-31	86	1,8-3,5	0,1-0,2	1,9-2,3	1,6-
Brocoli	21-25	90	3,2-3,9	0,2-0,4	1,5-1,6	0,3-
Lait pasteurisé	68	87	3,5	3,9	4,9	-

pois mangetout, du brocoli et du lait (pour 100 g de partie consommable)

Vitamines					Minéraux		
A (UI)	B1 (mg)	B2 (mg)	Niacine (mg)	C (mg)	Calcium (mg)	Fer (mg)	Phosphore (mg)
0-450	0,06-0,07	0,03	0,4	5-13	14-16	0,4-0,5	28-35
335	0,10	0,01	0,7	11	33	0,7	36
810	0,10	0,02	1,0	21	48	0,7	33
350	0,07	0,04	0,5	11	14	0,4	21
700	0,08	0,04	0,8	6	27	0,5	38
5-560	0,02-0,15	0,05-0,11	0,5-1,2	16-25	14-55	0,8-1,6	56-98
0-5735	0,07-0,15	0,06-0,14	0,3-0,8	97-122	66-90	0,9-1,1	64-84
60	0,04	0,17	0,1	1	118	1	93

D'après Howard et al., 1962

La deuxième fois, la surprise est moins grande, à la troisième on en redemande ! Il faut opérer un véritable déconditionnement, oublier les mauvaises expériences de soupe de courge, et vivre l'aventure avec un goût tout neuf pour de bonnes variétés et des préparations surprenantes.

Les Cucurbitacées passent pour n'avoir qu'un faible intérêt alimentaire. Des experts de l'O.N.U. considèrent qu'il s'agit d'une des familles de plantes les plus intéressantes comme source de minéraux et de vitamines, compte tenu du peu de travail demandé et de la simplicité de la culture.

Les oeufs sont riches en vitamine A : 1140 U.I. pour 100 grammes ; le même poids de Butternut en contient 7 800 !

210 milligrammes de phosphore pour 100 grammes d'oeuf et 440 milligrammes pour 100 grammes de graines de courge, avec en plus, 34 grammes de protéines.

La courge supporte donc la comparaison avec d'autres aliments de valeur comme les oeufs.

Il est impossible de donner toutes les recettes à base de courge. Les variantes sont infiniment nombreuses. A partir de quelques lignes directrices et d'idées de préparation, chacun pourra facilement s'approprier ce "nouveau légume".

Face à une courge, il faut savoir en deviner les qualités. C'est facile lorsqu'on connaît le nom de la variété, qui évoque parfois un type de préparation. Avec un fruit non identifié, il est simple de faire un essai : on cuit un morceau dans un peu d'eau ou à la vapeur. Ainsi, on fait le point : sucré ou non, farineux ou pas, ferme ou plutôt aqueux.

Les grosses courges à écorce ligneuse sont très difficiles à éplucher ; elles seront cuites cassées ou coupées en morceaux avec la peau. La chair est raclée après cuisson.

Quand un fruit est petit, comme pour Pomme d'Or, Jack-Be-Little, Sweet Dumpling ou les pâtissons (même à maturité), mieux vaut le cuire coupé en deux, dans l'eau, à la vapeur ou au four. L'écorce tient lieu de récipient, la consommation est ainsi bien pratique.

Ayant en tête quelques recettes de base, on peut inventer une multitude de préparations. Avec un fruit sucré, on s'oriente vers les desserts, les jus, les compotes, la confiture... Avec les courges à chair ferme, on peut réaliser la plupart des recettes qui utilisent habituellement la pomme de terre. On obtient ainsi des purées, des gratins, des soupes, des frites, des chips, des salades... de potiron.

Il est préférable de laisser le potiron seul et d'exclure complètement la pomme de terre. Cela évite les préparations de goût intermédiaire et donne toute leur place à de bonnes courges.

Dans les recettes de pains, galettes, cakes, brioches, crèmes, on peut remplacer une grosse part de la farine par une purée épaisse de courge farineuse ou à chair ferme.

Les graines en cuisine

Certaines graines de courges ont une enveloppe dure (l'écale), d'autres sont nues.

Pour la consommation, on choisira des graines assez grosses, bien remplies. Le décorticage est beaucoup plus facile après un passage au four, 30 minutes à 100-120°C sur une plaque. Avec un peu de pratique, on apprend vite le "coup de dent" qui sépare l'écale de l'amande. Bien sûr, ce grignotage prend du temps, mais il permet de consommer ce qui habituellement est jeté malgré une richesse exceptionnelle en protéines.

On peut aussi produire (ou acheter) des graines nues, naturellement dépourvues d'écale (à ne pas confondre avec les graines mondées, qui sont débarrassées mécaniquement de leur enveloppe). Elles peuvent être utilisées en guise d'amandes. On peut les cuire à la vapeur, les griller au four ou dans une poêle huilée, les réduire en poudre. Ceci permet de les inclure dans diverses préparations qui seront ainsi enrichies en protéines végétales. Il faut aussi tenir compte de leur richesse en matières grasses : 46%.

Les enfants ont souvent des oxyures. Pour lutter contre ces vers intestinaux, il faut leur administrer 25 g de graines de courge par jour durant toute une semaine. On peut les présenter grillées et salées, ou bien sous forme de pâte préparée en mélangeant des graines réduites en poudre avec du chocolat fondu.

Important : les indications de variétés ne sont que des suggestions. On peut remplacer chaque variété citée par une variété de saveur et de consistance voisines (voir tableau à la fin du livre).

Entrées

Jus de potimarron

Ingrédients :
1 courges
Noix de muscade ou sel

Variétés conseillées : Buttercup, Chestnut, Kabocha, Red Kuri, Golden Delicious.
Choisir un potimarron ou toute autre courge sucrée et à épiderme mince (ceci évite l'épluchage). Laver et brosser le fruit, le débiter en morceaux. Passer ceux-ci à la centrifugeuse. Ajouter, suivant les goûts, un peu de noix de muscade ou de sel. Il est possible de mélanger ce jus avec celui d'autres fruits ou légumes : pomme, orange, carotte, céleri, etc.

Butternut en salade

1 courge Butternut
Vinaigrette

Couper la courge au-dessus de la partie renflée. Garder le côté plein, l'éplucher et le couper en six ou huit dans le sens de la longueur. Râper en fils. Assaisonner avec une vinaigrette selon les goûts.
Pour avoir une entrée plus riche en couleurs, disposer sur un plat long des "tas" de carottes râpées, Butternut râpée, céleri-rave cru râpé, betteraves rouges crues râpées, concombre coupé en fines lamelles, germes de soja...

Pommes d'Or vinaigrette

1 Pomme d'Or par personne
Sauce vinaigrette

Laver les courges, les couper en deux, ôter les graines. Les faire cuire dans de l'eau bouillante salée pendant une dizaine de minutes. Piquer avec une fourchette pour vérifier la cuisson, qui varie selon le degré de maturité des fruits. Egoutter, servir tiède ou froid accompagné d'une sauce vinaigrette, d'une sauce aux câpres, ou d'une sauce citron.

Sauce aux câpres : 150 g de fromage blanc ou yaourt, 40 g de câpres, 2 petits cornichons, sel, poivre. Hacher les câpres et cornichons. Mélanger le tout. *Sauce citron* : le jus d'un citron, 2 c. à s. d'eau, 1 c. à s. de crème, sel, poivre. Bien mêler les ingrédients au fouet.
Variante : pour faire une entrée plus copieuse et de présentation plus soignée, on peut ouvrir chaque Pomme d'Or en retirant un chapeau du côté du pédoncule et découper selon un zigzag ou en forme de pétales. On procède comme d'ordinaire pour ôter les graines et faire cuire. On peut alors fourrer les courges de diverses crudités ou salades composées : carottes râpées, céleri-rave , riz en salade, crevettes, dés de tomates, maïs, thon, champignons, taboulé, etc.

Potimarron en salade

1 potimarron
Sauce selon les goûts

Variétés conseillées : Golden Delicious, Red Kuri, Kabocha, Chestnut, Buttercup.
Peler et ôter les graines du potimarron. Le débiter en dés de taille moyenne. Le faire cuire à la vapeur une dizaine de minutes. Il doit être moelleux sans se défaire en purée. Assaisonner. On peut accompagner cette salade de noix, salade verte, endives, etc. Elle peut accompagner des viandes ou des céréales à la manière des cornichons, tomates au vinaigre, petits oignons blancs au vinaigre.

Salade aux graines de courge

Salade
Vinaigrette
Graines de courge à graines nues ou graines décortiquées

Faire griller légèrement les graines, soit au four, soit dans une poêle graissée. Préparer la salade comme d'habitude, et y ajouter les graines. La mâche, la laitue ou les endives conviennent très bien.

Soufflé de courge d'hiver

600 g de purée de courge
4 dl de lait
80 g de farine
4 oeufs
60 g de gruyère râpé (facultatif)
1 c. à c. de paprika
Sel et poivre
4 c. à s. d'huile

Variétés conseillées : Acorn, Golden Hubbard, Musquée de Naples, Musquée de Provence, Sucrine du Berry, Créole, ou autre variété sucrée, farineuse ou non.

Faire chauffer l'huile, y ajouter la farine, bien mêler avec une cuillère en bois. Laisser gonfler la farine sans cesser de remuer, sur feu doux.

Hors du feu, ajouter les jaunes d'oeufs, le gruyère râpé, saler et poivrer. Verser le lait froid, replacer sur feu doux et laisser épaissir tout en tournant, ajouter la purée de courge choisie, le paprika.

Battre les blancs en neige ferme, les incorporer délicatement à la préparation en soulevant la pâte. Verser ce mélange dans un moule à soufflé, graissé et fariné.

Faire cuire 20 minutes à four moyennement chaud (th. 5). Remonter la température à th. 7 et laisser lever le soufflé encore 5 à 10 minutes. Servir immédiatement.

Soupes, potages

Potage de potiron (servi dans le potiron)

1 petit potiron
2 pommes de terre
100 g de poireaux
100 g d'oignons
20 cl de crème fraîche
Petits croûtons
1 coupelle de gruyère râpé

Variétés conseillées : Giraumon ou Bleu de Hongrie par exemple.
Enlever le chapeau du potiron et creuser celui-ci. Epépiner la chair et la couper en petits morceaux. Couper les pommes de terre en morceaux. Emincer 100 g de poireaux et 100 g d'oignons. Faire cuire ces légumes dans 1 litre d'eau salée, 1 heure à couvert. Les mettre délicatement dans l'écorce du potiron, qui aura été maintenue au chaud (10 minutes dans le four E 100°C).
Verser le bouillon sur les légumes et ajouter la crème fraîche. Parsemer de croûtons. Servir très chaud, accompagné de gruyère.

Soupe de courgettes

Tous légumes verts disponibles
Courgettes
Carottes

Variétés conseillées : Gold Rush, Cou-Tors, pâtissons, Ronde de Nice, Musquée de Nice.
Procéder comme pour un potage classique en épluchant et coupant les légumes en petits dés que l'on fait cuire dans de l'eau salée. On peut mettre tout ce que l'on a sous la main, selon la période de l'année. Idéal pour les personnes désirant perdre du poids. Ne pas mettre de pommes de terre, car ce potage est ainsi beaucoup moins riche en calories, mais pourtant d'une consistance et d'un velouté agréables.

Soupes de potiron

1 potiron
Légumes au choix

Variétés conseillées : Rouge Vif d'Etampes, Blanc de Mayet, Jaune Gros de Paris, Créole, Golden Hubbard, Musquée de Nice, Musquée de Naples, Musquée de Provence.

Variante 1 : potiron + poireaux

Faire revenir les poireaux dans un peu de matière grasse (huile d'olive ou autre). Rajouter les dés de potiron. Recouvrir d'eau salée et laisser cuire une vingtaine de minutes.

Variante 2 : potiron + haricots secs

Cuire les haricots secs après trempage, de manière classique. Cuire le potiron (coupé en dés) couvert d'eau avec éventuellement une ou deux gousses d'ail. Passer au moulin à légumes. Lier avec un peu de crème fraîche. Rajouter les haricots cuits. Assaisonner selon les goûts et saupoudrer de persil haché, comté râpé, etc.

Variante 3 : potiron (variété aqueuse) + pommes de terre + oignon

Faire cuire le potiron et les pommes de terre épluchés et coupés en dés avec l'oignon émincé dans de l'eau salée pendant 30 minutes environ. Passer au mixer.

Dans la soupière, on peut battre 2 jaunes d'oeufs avec 6 cuillerées à soupe de crème fraîche, puis verser peu à peu la soupe chaude. Servir aussitôt en saupoudrant éventuellement de persil haché.

Variante 4 : potiron + feuilles de chou

Peler et épépiner le potiron, le débiter en dés. Couper le chou en fines lanières et le faire cuire quelques minutes dans un peu de matière grasse. Rajouter les dés de potiron, éventuellement de l'ail. Laisser mijoter pendant 1 heure. Mouiller avec 1 litre 1/2 à 2 litres d'eau environ. Mixer légèrement.

On peut servir avec des tranches de pain grillé que l'on fait tremper dans la soupe.

Variante 5 : potiron + panais... ou céleri-rave...

Velouté de potiron Bleu de Hongrie

Potiron Bleu de Hongrie
("la meilleure des courges pour la soupe")
Crème fraîche ou lait
Bouillon de légumes (facultatif)

Eplucher le potiron, ôter les graines. Faire cuire dans un bouillon de légumes ou de l'eau salée. Passer au mixer, ajouter de l'eau ou du lait jusqu'à la consistance souhaitée.
Au moment de servir, et selon les goûts, rajouter un peu de crème fraîche, qui révélera encore mieux le goût de ce délicieux velouté. En fin de cuisson, il est possible de rajouter, au choix, flocons d'avoine, quinoa, etc., ou de saupoudrer de graines germées.

Plats principaux

Chips, frites ou gaufrettes de Butternut

Courge Butternut
Huile pour friture

Laver et éplucher la courge. La découper en bâtonnets ou gros dés. Plonger ceux-ci dans l'huile chaude de la friteuse. Vérifier la cuisson en piquant à la fourchette. Bien égoutter sur du papier absorbant. Saler. Utiliser comme une pomme de terre frite.

A mon goût, Butternut est la meilleure pour cette utilisation, qui peut, cependant être réalisée avec d'autres courges. On peut aussi tailler la Butternut en lamelles très fines pour en faire des chips ou des "gaufrettes". Il faut alors laver les tranches coupées sous l'eau fraîche, les sécher parfaitement dans un linge propre, puis les faire cuire dans la friture en très petite quantité en laissant dorer assez peu de temps sur chaque face. Les sortir à l'aide d'une écumoire, les égoutter sur du papier absorbant et saler.

Courges dauphine

Pour 4 à 6 personnes :
1 bol de courge cuite à la vapeur et réduite en purée, soit 350 g environ
125 g d'eau
75 g de farine
3 c. à s. d'huile
Sel
2 oeufs

Variétés conseillées : Olive Verte, Triamble, Mayo Blusher, Mooregold, Golden Delicious, Blue Banana.

Dans une casserole, mettre l'eau, le sel, l'huile, et faire bouillir. Dès l'ébullition, retirer du feu et mettre toute la farine d'un coup. Remuer énergiquement à la spatule, jusqu'à ce qu'il se forme une boule se détachant de la casserole (si cela ne se produit pas spontanément, remettre sur feu très doux et remuer, juste le temps que la pâte soit suffisamment sèche pour se détacher).

Casser un oeuf et l'ajouter à la pâte. Mélanger parfaitement et ajouter le second. Puis, incorporer la purée de courge. Bien mêler.

Faire chauffer la friture. A l'aide de deux petites

cuillères, laisser tomber des petits tas de pâte dans la friture. Faire dorer sur toutes les faces et sortir à l'écumoire. Faire égoutter sur papier absorbant.
Complète très bien un plat de haricots verts, par exemple.

Courgettes frites

Courgettes moyennes
Un peu de farine
Sel
1 c. à s. de curry

Variétés conseillées : Gold Rush, Cou-Tors, etc.
Laver et sécher les courgettes, les débiter en rondelles d'un centimètre d'épaisseur. Saupoudrer de sel et disposer dans une passoire pour les faire dégorger une demi-heure environ. Sur un linge propre, sécher les rondelles de courgettes en les tamponnant légèrement.
Dans un plat creux, étaler la farine (à laquelle on aura mélangé le curry) afin d'y "tremper" les rondelles de courgettes une à une sur chaque face. Retirer l'excédent de farine en les secouant.
Plonger les rondelles dans la friture chaude, en plusieurs fois. Les laisser dorer sur chaque face. Egoutter sur papier absorbant. Saler.

Crique

Pour 5 à 6 personnes :
800 g de potimarron cru (ou une autre variété à chair ferme, non farineuse et non sucrée)
5 oeufs
Sel
Huile

Variétés conseillées : Mayo Blusher, Mooregold, Blue Banana, Chestnut, Buttercup, Red Kuri, Golden Delicious.
Eplucher le fruit, le partager en tranches, épépiner.
Râper de préférence en bouillie plutôt qu'en fils (avec une râpe à trous ronds), on obtiendra un mélange plus intime. Casser les oeufs un à un et bien mêler à la bouillie de courge. Saler.
Dans une poêle à frire, verser un peu d'huile (2 à 3 cuillerées à soupe), faire chauffer. Y verser alors la préparation en une couche épaisse (2 centimètres environ).
Laisser cuire une dizaine de minutes sur chaque face.
Pour retourner aisément, poser sur la poêle une grande assiette plate, retourner assiette et poêle ensemble ; ne pas oublier de se protéger avec des moufles isothermes.

Croquettes de courge

Pour 4 personnes :
600 g de purée de courge
4 oeufs
Sel
Poivre

Variétés conseillées : Red Kuri, Chestnut, Kabocha, Buttercup, Giraumon.
Faire une purée très sèche et très fine en cuisant la courge à la vapeur puis en passant au moulin à légumes. Casser les oeufs un à un. Bien mêler le tout. Le mélange doit être très épais. Au besoin, rajouter un peu de farine.
Laisser reposer la préparation au réfrigérateur, elle sera plus ferme et plus facile à mettre en forme. Confectionner des boulettes ou des petits rouleaux comme des quenelles, les rouler dans la farine ou la chapelure.
Faire cuire dans une friture très chaude sur toutes les faces, sortir et faire égoutter sur papier absorbant. Accompagner d'une salade verte.

Butternut nature

1 courge Butternut
Sel
Un filet d'huile (facultatif)

Couper la courge dans le sens de la longueur. Oter les graines. Arroser éventuellement d'un filet d'huile, saler. Disposer dans un plat allant au four. Faire cuire une heure (th. 6-7). Piquer avec un couteau pointu pour vérifier la cuisson.
Servir chaud. On peut, pour une présentation plus soignée, confectionner de petites boules à l'aide d'une cuillère à boules (celle que l'on utilise pour le melon). Si cela est nécessaire, réchauffer un instant au four.

Casserole de légumes au boulghour

Oignon
Carottes : 50 g/ pers.
Potiron
100 g/pers.
Lentilles : 1/2 verre/pers.
Boulghour : 1/2 verre/pers.

Variétés conseillées : Mooregold, Triamble, Olive Verte, Blue Banana, Blanc de Mayet, Golden Delicious, Golden Hubbard, Giraumon, Mayo Blusher.
Faire tremper les lentilles une nuit ; les égoutter. Eplucher les carottes et le potiron, les débiter en rondelles et dés de taille moyenne.

Huile de tournesol
ou de sésame
Thym, laurier
Sel, poivre
Eau

Dans une cocotte en fonte, verser un peu d'huile, faire revenir les carottes et l'oignon émincé. Introduire la feuille de laurier, la branche de thym. Bien remuer. Lorsque les carottes sont dorées, ajouter les lentilles. Saler et poivrer. Bien mélanger. Recouvrir les légumes avec de l'eau ou du bouillon. Couvrir et laisser mijoter à feu doux une vingtaine de minutes.
Vérifier de temps à autres qu'il y a assez d'eau. Enfin, introduire les dés de potiron et le boulghour. Ajouter de l'eau si nécessaire. Laisser mijoter une vingtaine de minutes supplémentaires.
On peut remplacer les lentilles par des tronçons de poireaux que l'on mettra en même temps que les carottes pour les faire revenir dans la matière grasse.

Cake salé au potimarron

300 g de purée de potimarron
100 g de farine d'épeautre
150 g de lardons
3 oeufs
10 cl de lait
Sel, poivre
60 g de beurre fondu

Variétés conseillées : Red Kuri, Kabocha, Chestnut, Buttercup, Olive Verte, Triamble, Mayo Blusher, Blue Banana.
Dans un saladier, battre le beurre fondu et les oeufs pour obtenir un mélange mousseux. Ajouter alors la purée de potimarron, le lait, la farine. Bien pétrir le tout. Introduire les petits lardons, puis tous les autres ingrédients. On peut y ajouter aussi : gruyère en dés, champignons de Paris, pignons de pin ou graines de courge à graisses nues grillées, persil haché, olives, etc. Bien mêler, saler et poivrer.
Graisser un moule à cake, y verser la préparation. Saupoudrer de pignons de pin et faire cuire à four chaud (th. 8) pendant 45 minutes environ. Manger tiède ou froid accompagné d'une salade.

Courges portions

1 ou 1/2 courge à farcir par personne
Crème fraîche
Gruyère râpé ou comté

Variétés conseillées : Pomme d'Or, Sweet Dumpling, Acorn, pâtisson, Jack-Be-Little, Sweet Dumpling, courgette Ronde de Nice (très jeune).
Prendre des courges bien mûres (la peau est plus dure).

Oeuf
Sel

Les laver, les sécher. Les partager en deux, ôter les graines. Les faire cuire à la vapeur. La durée varie, selon le type de fruits et leur maturité, de 20 à 30 minutes environ. Piquer pour vérifier le degré de cuisson. Laisser tiédir les fruits pour les manipuler plus facilement. A l'aide d'une cuillère, vider une partie de la chair. Il ne faut pas percer les futurs récipients.
Ecraser la chair finement au moulin à légumes. Ajouter la crème fraîche, les oeufs, le fromage râpé. Saler. Remplir les "coques" des fruits avec ce mélange. Disposer dans un plat huilé. Mettre au four (th. 7) pendant 15 à 20 minutes. Servir avec de la salade verte.

Gnocchi de courge

600 g de purée très sèche de Golden Delicious, Golden Hubbard ou Blue Banana
2 oeufs
Sel fin
150 g de farine environ
70 g de beurre

Peler les courges, ôter les graines, débiter en dés et faire cuire à la vapeur à découvert. Mixer pour obtenir une purée très sèche. Ajouter alors les oeufs et le sel, la moitié de la farine, et bien travailler le tout avec une cuillère en bois. Ajouter le reste de la farine petit à petit jusqu'à l'obtention d'une pâte.
Sur une tôle légèrement farinée, rouler la pâte en un boudin, débiter en tronçons, comme des quenelles. Faire cuire à l'eau bouillante salée, jusqu'à ce que les gnocchi remontent à la surface. Les retirer à l'écumoire. Servir avec du beurre fondu et du fromage râpé, que l'on peut éventuellement faire gratiner.

Jack-Be-Little sauté

1 Jack-Be-Little par personne
Huile
Ail (facultatif)
Sel
Persil (facultatif)

Laver et débiter la courge en petits dés. Inutile d'éplucher car l'épiderme est très mince et consommable.
Dans une sauteuse, faire chauffer de l'huile. Y jeter les morceaux de Jack-Be-Little, laisser dorer sur toutes les faces en remuant de temps à autre. Vérifier la cuisson en piquant avec une fourchette.

Attention, si la cuisson se poursuit trop longtemps, il y aura caramélisation.
Servir chaud, parsemé éventuellement d'ail finement haché et de persil. Peut accompagner un boudin noir, avec des pommes de terre sautées selon le même procédé. Remplace ou complète agréablement les pommes fruits utilisées traditionnellement dans cette recette.

Purée de courge Cushaw

1 courge Striped Cushaw
Beurre
Crème fraîche
Fromage râpé

Eplucher la courge, la débiter en cubes de taille moyenne. Disposer les morceaux dans une casserole, couvrir d'eau salée. Laisser cuire à découvert 15 à 30 minutes.
Vérifier la cuisson en piquant avec une fourchette, faire attention au manque d'eau. Lorsque c'est cuit, écraser au moulin à légumes (grille fine). Incorporer un peu de beurre et de crème fraîche, bien mélanger le tout. Graisser un plat à gratin, verser la préparation, saupoudrer de comté ou gruyère râpé. Faire dorer au four une vingtaine de minutes.
Ce plat délicieux évoque une purée de pommes de terre à laquelle on aurait ajouté des oeufs et quelques épices.

Spaghetti végétal

1 courge Spaghetti

Il faut cuire la courge spaghetti entière environ 45 minutes dans de l'eau salée ou à la vapeur. Ensuite, la laisser refroidir et la couper en deux dans le sens de la longueur. Oter les pépins et extraire les "spaghetti" à l'aide d'une fourchette. La pulpe se détache très facilement de la peau, qui devient dure après cuisson.

Courge spaghetti bolognaise

Spaghetti végétal
400 g de viande de boeuf hachée
5 à 6 tomates
30 g de gruyère râpé
Thym, laurier
Herbes de Provence
Ail
Sel, poivre

Faire un coulis de tomates avec les fruits frais, l'ail pilé, le thym, le laurier, les herbes de Provence, le sel et le poivre. Faire mijoter pendant 30 minutes environ. Passer au moulin à légumes.
Ajouter la viande hachée au coulis. Laisser cuire 10 minutes. Verser la sauce sur les spaghetti cuits selon la recette de base (voir plus haut). Faire réchauffer le tout. Saupoudrer de gruyère et mélanger.

Spaghetti végétal au thon

Spaghetti végétal
5-6 tomates
8 filets d'anchois conservés au sel
4 olives
40 g de gruyère râpé (facultatif)
200 g de thon au naturel
Sel, poivre
Laurier (1 feuille)
Oignon
Ail
Origan (facultatif)

Faire une sauce tomate avec les tomates fraîches (ou, à défaut, en boîte), les filets d'anchois pilés, l'oignon émincé, l'ail écrasé, la feuille de laurier et l'origan. Laisser cuire sur feu doux pendant une vingtaine de minutes. Passer au moulin à légumes (grille fine) afin d'ôter la peau et les graines des tomates. Si la préparation est très claire, la laisser réduire encore sur feu doux. On peut aussi, pour l'épaissir, faire cuire 1 ou 2 carottes en rondelles dans ce coulis et mixer finement.
Ensuite, ajouter le thon émietté et les olives. Saler et poivrer.
Mêler les spaghetti à ce mélange et laisser mijoter encore une dizaine de minutes. Servir très chaud, éventuellement accompagné de gruyère râpé.

Chaussons au potiron*

Pâte :
2 tasses de farine
6 c. à s. d'huile
1 c. à c. de cannelle
Sel
1 jaune d'oeuf

Variétés conseillées : Blanc de Mayet, Golden Delicious, Blue Banana.
Hacher les oignons. Peler et couper le potiron en morceaux. Faire revenir les oignons à l'huile avec de la sauce de soja. Ajouter le potiron et un peu d'eau. Cuire environ 30 minutes. Assaisonner, réduire en purée. Réserver.

Garniture :
400 g de potiron
100 g d'oignons
1 ou 2 pommes
Huile d'olive
Sauce de soja

Mélanger farine, huile, sel, cannelle et ajouter un peu d'eau pour obtenir une pâte douce. Etaler la pâte, y découper des cercles qui formeront les chaussons.
Couvrir ces cercles, en épargnant le tour, d'une couche de purée potiron-oignons, sur laquelle on déposera la pomme crue, coupée en cubes. Recouvrir de pâte, souder les bords. Dorer au jaune d'oeuf. Faire un petit trou (cheminée) sur le dessus. Cuire au four (th. 4) 35 à 40 minutes. Servir accompagné d'une purée de pommes de terre Négresse (noires !) ou de céleri.

Coup de soleil*

250 g de purée cuite de potiron
1/4 de litre de sauce béchamel au lait
50 g de gruyère râpé
3 oeufs entiers
2 jaunes d'oeufs
100 g de crème fraîche
Cayenne, muscade, sel, poivre, paprika

Variétés conseillées : Mayo Blusher, Rouge Vif d'Etampes, Jaune Gros de Paris, Blanc de Mayet.
La veille, éplucher le potiron. Le couper en morceaux et faire cuire dans de l'eau bouillante salée. Egoutter dans une passoire, puis presser dans un torchon. Laisser ressuyer une nuit.
Le lendemain, préparer une béchamel au lait. Passer le potiron au mixer ou au presse-purée, peser. Mélanger la purée de potiron, la béchamel, les deux jaunes et les trois oeufs entiers, le fromage, la crème, les épices (cayenne, muscade, sel, poivre).
Beurrer six à huit petits moules individuels ou un plat à gratin. Placer au fond un papier aluminium beurré. Verser la préparation et faire cuire au four (th. 6, 200°C), environ 40 minutes. Servir aussitôt, saupoudré de paprika.

Courge de Siam aux fruits de mer

1 grosse courge de Siam très mûre (plusieurs mois après la récolte)
500 g de moules
100 g de calmars

Préparer la courge selon la recette de la confiture de cheveux d'ange (voir p. 84). Une fois cuite, l'égoutter, la laisser refroidir et l'arroser de vinaigre. Réserver.
Nettoyer les calmars, les couper en morceaux. Faire ouvrir les moules nettoyées sur feu vif 5 à 10 minutes.

200 g de crevettes
25 cl de vin blanc (2 verres)
4 c. à s de vinaigre de cidre
4 c. à s. d'huile d'olive
4 tomates
2 gousses d'ail, 1 gros oignon
7-8 graines de coriandre
1 dose de safran

Filtrer et conserver le jus.
Faire chauffer l'huile, y faire revenir les tomates pelées et coupées en menus morceaux, l'oignon émincé et l'ail pilé. Laisser fondre à feu doux 5 minutes puis verser l'eau des moules, le vin blanc, du sel, du poivre, la coriandre et le safran.
Ajouter les calmars, les crevettes. Laisser cuire 30 minutes. En fin de cuisson, rajouter les moules pour les réchauffer. Réchauffer aussi la courge.
Disposer sur un plat de service la courge de Siam entourée de fruits de mer. Arroser avec la sauce.

Courgettes à la crème

Courgettes
Oignon
Sel
Huile
Crème fraîche

Variétés conseillées : Gold Rush, Cou-Tors, pâtissons.
Laver les courgettes, les couper en rondelles.
Dans une cocotte en fonte, verser très peu d'huile et y faire revenir les rondelles de courgettes avec l'oignon sur feu très doux pendant un quart d'heure environ.
Recouvrir avec de la crème fraîche liquide. Laisser mijoter encore 5 à 10 minutes. On peut rajouter une pointe de couteau de noix de muscade râpée.

Courgettes farcies

1/2 ou 1 courgette (ou pâtisson) par personne selon la taille
2 pommes de terre moyennes par personne
1 oeuf par personne
Sel, poivre

Laver les courgettes, les couper en deux dans le sens de la longueur. Oter les graines à l'aide d'une cuillère à soupe.
Les faire blanchir, soit à l'eau salée (10 minutes), soit à la vapeur (15-20 minutes). Les disposer dans un plat en terre allant au four préalablement huilé. Réserver.
Peler et râper les pommes de terre avec une râpe à trous ronds, ajouter les oeufs, le sel. Bien mélanger.
Remplir les creux des courgettes de cette préparation. Mettre un peu d'eau au fond du plat. Mettre à cuire à four chaud (th. 6-7) pendant 45 à 50 minutes.

Dauphinois de potiron ou courgettes

Potiron ou courgettes
2 oeufs
1/4 de l de lait
Gruyère râpé
Ail
Noix de muscade
(selon les goûts)

Eplucher les légumes (si c'est indispensable). Les débiter en tranches ou rondelles d'une demi-centimètre d'épaisseur.
Frotter un plat en terre allant au four avec une gousse d'ail coupée en deux. Y disposer les tranches ou rondelles.
Dans un saladier, mêler vivement les oeufs, le sel, le poivre, la muscade (1 pointe de couteau) et le lait.
Verser ce mélange sur les légumes. Saupoudrer de gruyère râpé et mettre à four chaud (th. 7) pendant 30 à 40 minutes.

Sweet Dumpling farci

1 courge Edible pour 2 personnes (ou 1 pâtisson)
Farce : pâté végétal aux graines de courges (voir p. 75), ou boulghour, quinoa (ou toute autre céréale), ou viande, ou petits légumes

Brosser la courge sous l'eau, la partager en deux, ôter les graines pour dégager la cavité à farcir. Confectionner une farce à base de légumes, légumineuses, céréales ou viande. Fourrer les portions de courge avec cette préparation, mettre dans un plat à gratin huilé, arroser d'un filet d'huile. Verser un peu d'eau au fond du plat. Cuire à four chaud (th. 7) 45 minutes environ.
Farces :
Variante 1 : faire chauffer le boulghour dans une poêle huilée avec un oignon émincé ; il blondit. Ajouter de l'eau chaude salée, du thym, du laurier, éventuellement une carotte râpée, du persil. Cuire une vingtaine de minutes. Farcir la courge.
Variante 2 : râper 500 g de carottes, émincer l'oignon, faire dorer le tout. Ajouter un verre d'eau, assaisonner. Couvrir, laisser mijoter un quart d'heure. Ajouter éventuellement des raisins secs, des graines de sésame. Farcir la courge.
Variante 3 : pain trempé dans du lait, champignons, oignons. Faire revenir champignons et oignon dans un peu d'huile, laisser cuire un quart d'heure environ. Mixer avec le pain trempé. Assaisonner selon les goûts. Farcir la courge.

Variante 4 : divers légumes verts, salade, poirée verte à couper, oseille. Faire blondir des oignons émincés, y ajouter la verdure, un peu d'eau, et laisser cuire 10 minutes à découvert. Passer au moulin à légumes (grille fine) avec du pain trempé dans du lait. Casser deux oeufs, bien mêler et assaisonner. Farcir la courge.
Variante 5 : restes de viande froide, échalotes, persil haché, pain trempé dans du lait, un oeuf. Mixer le tout. Bien mélanger et assaisonner. Farcir la courge.

Flan de courgettes

3 à 4 courgettes
3 oeufs
20 cl de crème
Sel, poivre
Noix de muscade en poudre ou à râper
4 c. à s. de semoule fine
3 tranches de jambon (facultatif)

Variétés conseillées : Gold Rush, Cou-Tors, etc.
Eplucher les courgettes, les rincer et les couper en rondelles. Faire cuire 5 minutes dans de l'eau bouillante salée. Bien égoutter.
Dans un récipient profond, mettre les courgettes cuites avec tous les ingrédients sauf la semoule et la muscade. Mixer le tout. Ajouter alors la semoule et la muscade. Bien mélanger. Cuire au four dans un plat (th. 7) pendant 40 à 45 minutes environ. Pour en faire un plat complet, avant de mettre au four, incorporer des dés de jambon.

Flan de Hubbard

500 ou 600 g de Hubbard
4 oeufs
1/2 litre de lait
Sel
Muscade

Peler la courge, ôter les graines, la râper fin. Réserver.
Battre les oeufs avec le lait, le sel et la muscade. Verser cette préparation dans un plat à gratin huilé.
Ajouter la courge râpée. Faire cuire au four 30 minutes (th. 7).

Fricassée de courgettes

Courgettes (4 ou 5 selon la taille)
1 ou 2 bols de riz cuit
Tomates
Jambon ou lardons (facultatif)
Oeufs (1 par personne)
Huile d'olive
Sel, poivre
Ail (facultatif)
Ciboulette

Variétés conseillées : Gold Rush, Cou-Tors, pâtisson, Ronde de Nice.
Laver les courgettes et les couper en rondelles. Dans une sauteuse, verser un peu d'huile d'olive. Y faire revenir les courgettes environ un quart d'heure, éventuellement avec des lardons ou du jambon. Rajouter les tomates coupées en quartiers, le riz, l'ail pilé et la ciboulette découpée en petits morceaux (avec des ciseaux). Laisser mijoter une dizaine de minutes.
Casser les oeufs un à un sur cette préparation, saler, mélanger et laisser cuire. Servir lorsque le blanc des oeufs a coagulé.

Gratin de Chestnut ou Buttercup

1 kg de Chestnut ou de Buttercup
Environ 3 verres de lait ou de lait de soja
Gruyère ou comté râpé
Chapelure (facultatif)
Crème fraîche (facultatif)

Eplucher le fruit et enlever les graines. Tailler en dés, faire cuire dans du lait salé une vingtaine de minutes. En cours de cuisson, vérifier le niveau du liquide et ne pas laisser attacher au fond de la casserole.
Réduire en purée, ajouter de la crème fraîche selon les goûts. Vider dans un plat à gratin graissé. Saupoudrer de chapelure et comté râpé. Faire gratiner au four.

Gratin de potiron aux flocons de millet

1 kg de potiron en dés
3 c. à s. de flocons de millet
10 cl de crème fraîche
2 oeufs
1 poignée de noisettes et amandes hachées (facultatif)

Variétés conseillées : Mooregold, Mayo Blusher, Triamble, Blanc de Mayet.
Faire cuire les dés de potiron à l'eau salée, les égoutter et les réduire en purée. Ajouter les oeufs battus, les flocons de millet et assaisonner. Mettre dans un plat à gratin huilé. Saupoudrer de noisettes et amandes hachées. Cuire au four (th. 8) pendant 15 à 20 minutes.

Gratin portugais

2-3 gros oignons
Tomates
Courgettes
Poivron (facultatif)
Pommes de terre
Gruyère râpé (facultatif)
Huile d'olive

Variétés conseillées : courgettes Blanche de Virginie, Gold Rush, Cou-Tors, Ronde de Nice, Musquée de Nice, pâtisson.
Débiter les courgettes et les tomates en rondelles d'un demi-centimètre d'épaisseur. Faire de fines rondelles de pommes de terre et d'oignons.
Disposer ces légumes en alternant une rangée de courgette, une rangée de pomme de terre, une rangée d'oignon, une rangée de tomate et ainsi de suite, un peu comme on disposerait des tranches de pommes sur un fond de tarte.
Arroser le tout d'un peu d'huile d'olive, d'un verre d'eau ou de bouillon. Saler et poivrer. Faire cuire à four chaud (th. 8) pendant 1 heure environ. On peut, 10 minutes avant la fin de la cuisson, saupoudrer de gruyère râpé et laisser gratiner.

Jack-Be-Little à la crème

1 Jack-Be-Little par personne
Crème fraîche

Découper un chapeau dans les courges, ôter les graines. Faire cuire les fruits dans de l'eau salée, environ 20 minutes. Piquer avec un couteau pointu pour vérifier la cuisson. Egoutter. Mettre dans le creux une cuillerée à soupe de crème fraîche épaisse. Manger à la cuillère.

Omelette aux courgettes

1 petite courgette par personne
1 oeuf par personne
1 verre de lait pour 4 oeufs
Sel, poivre
Persil ou basilic haché
Huile

Variétés conseillées : Gold Rush, Cou-Tors, pâtissons, Ronde de Nice, etc. ; si possible, varier les couleurs.
Laver les courgettes, les sécher et les couper en dés. Les faire sauter dans une poêle huilée, saler et laisser cuire un quart d'heure à feu doux.
Dans un petit saladier, battre les oeufs et le lait. Assaisonner avec le sel, le poivre, le persil ou le basilic (attention, les courgettes sont déjà salées). Verser cette

préparation sur les courgettes. Bien remuer et faire cuire l'omelette sur les deux faces.

Pain de courge Olive Verte

400 g de purée de courge à chair très ferme
200 g de farine
30 g de levure de boulanger

Variétés conseillées : Olive Verte, Mooregold, Blue Banana, Giraumon.
Cuire la courge à la vapeur, la réduire en purée (grille fine du moulin à légumes). Dans une tasse, délayer la levure avec 2 cuillerées à soupe d'eau tiède. La levure va commencer à gonfler.
Mélanger purée de courge, farine et levure de manière à obtenir une pâte qui tient en boule comme la pâte à pain. Pétrir à la main et laisser lever de 6 heures à une nuit, à température ambiante.
Pétrir à nouveau la préparation, lui donner la forme souhaitée. Disposer dans un moule ou sur une plaque. Laisser reposer deux ou trois heures encore à température ambiante. Faire cuire dans un four préalablement chauffé (th. 8-9 ou 250°C) pendant 30 minutes environ. Piquer pour vérifier la cuisson.
On peut aussi fourrer ce pain de raisins secs après les avoir fait gonfler dans de l'eau.

Pâté végétal aux graines de courge

150 g de graines de courge nues ou décortiquées
250 g de lentilles
200 g de champignons frais
2 oeufs
100 g de pain rassis
20 cl de lait
Sel, poivre
1 gros oignon, 1 petit oignon
2 clous de girofle
3 ou 4 échalotes

Faire tremper les lentilles dans de l'eau 12 à 24 heures à l'avance. Faire blondir le gros oignon émincé dans un peu d'huile d'olive. Egoutter les lentilles, les faire revenir avec l'oignon, couvrir avec de l'eau. Ajouter le petit oignon piqué de clous de girofle, la branche de thym, la feuille de laurier, la badiane. Saler. Laisser cuire 20 à 30 minutes, remuer de temps en temps. Egoutter en fin de cuisson, ôter le thym, le laurier, l'oignon piqué de clous de girofle, la badiane.
Eplucher et émincer les champignons, les faire revenir dans un peu d'huile avec une échalote émincée et les

Persil
Huile d'olive
1 ou 2 gousses d'ail
Thym, laurier
1 ou 2 étoiles de badiane

graines de courge. Saler. Laisser cuire sur feu doux 15 à 20 minutes en remuant souvent.
Faire tremper le pain dans le lait. Mixer assez finement les champignons, les graines de courge, le pain imbibé, le reste des échalotes crues, le persil et l'ail. Ajouter les lentilles, les oeufs battus. Bien malaxer le tout pour obtenir une pâte assez consistante. Vérifier et rectifier l'assaisonnement (sel, poivre). Verser dans un moule à cake graissé. Faire cuire au four pendant 40 minutes (th. 7), au bain-marie. Démouler et servir en tranches. Accompagner éventuellement d'un coulis de tomates, d'une salade verte. Ce plat est très riche en protéines.

Pâté bourbonnais au potiron

Environ 500 g de pâte feuilletée (selon la taille du plat)
1 kg de potiron (toute variété peu aqueuse)
20 cl de crème fraîche
Ail pilé
Beurre
Lardons (facultatif)
Sel, poivre
Persil haché
1 jaune d'oeuf

Variétés conseillées : Golden Hubbard, Triamble, Olive Verte, Acorn, Mayo Blusher, Mooregold, Striped Cushaw, Giraumon.
Etaler la moitié de la pâte feuilletée au rouleau. La disposer dans un plat à gratin graissé et fariné. Bien tapisser les bords, laisser même déborder 1/2 à 1 centimètre de pâte.
Débiter le potiron en tranches assez fines. Disposer celles-ci sur la pâte feuilletée, en couches. Saler et poivrer. Disposer l'ail pilé, le persil haché, quelques lardons et des noisettes de beurre entre chaque couche.
Disposer la deuxième moitié de la pâte feuilletée étalée en guise de couvercle. Souder les bords en badigeonnant la pâte d'un peu d'eau, et en pinçant. Pratiquer une cheminée dans le couvercle. On peut glisser un petit rouleau de papier pour la maintenir bien ouverte. Dorer au jaune d'oeuf. Faire cuire à four chaud (th. 7) pendant 50 minutes. Au sortir du four, verser la crème par la cheminée avant de servir.

Pâtissons à la crème et aux noix de cajou

Pâtissons
Ail
Oignons
Persil
Huile d'olive
50 g de noix de cajou hachées
Crème fraîche ou lait

Prendre de jeunes pâtissons (de la taille de la paume d'une main). Les laver et les sécher. Les couper en tranches sans les éplucher.
Dans une poêle, faire revenir l'oignon émincé dans l'huile et y ajouter les tranches de pâtissons. Saler et poivrer. Faire cuire 15 à 20 minutes.
Mettre cette préparation dans un plat à gratin, y rajouter l'ail coupé en menus morceaux. Napper de crème ou recouvrir de lait selon les goûts et saupoudrer de noix de cajou hachées. Faire dorer une dizaine de minutes à four chaud.

Pâtissons persillés

Pâtissons (si possible de couleurs variées) ou courgettes Gold Rush, Cou-Tors, Ronde de Nice, Blanche de Virginie, etc.
Huile d'olive
Ail
Sauce tomate (facultatif) ou tomates fraîches

Eplucher les pâtissons (ou les courgettes) s'ils sont cueillis très mûrs. Jeunes, ils peuvent être cuisinés avec leur peau. Les partager et ôter les graines. Couper en tranches assez fines.
Dans une poêle, verser un peu d'huile d'olive, faire chauffer et y jeter les tranches de pâtissons pour les faire dorer, un quart d'heure environ.
Couper l'ail en menus morceaux que l'on ajoutera. Saler et laisser revenir l'ail. On peut rajouter quelques tomates coupées en quartiers. Couvrir et, s'il y a des tomates, laisser mijoter une dizaine de minutes.

Potiron campagnard*

Un gros potiron
Pain
Crème fraîche
Gruyère râpé
Sel, poivre, curcuma

Choisir un potiron qui rentre dans le four. Découper un chapeau, que l'on gardera, autour de son pédoncule. Par le trou, enlever les graines et les filaments. Mettre dans la cavité : une couche de pain en morceaux, du gruyère râpé, de la crème ; assaisonner de sel, poivre, curcuma ; et ainsi de suite, par couches, jusqu'au remplissage complet.

Remettre le chapeau en place, poser sur une plaque à four et faire cuire à feu doux (th. 4-5) selon la taille de la courge, durant 3 à 4 heures.

Ratatouille au millet ou au boulghour

500 g de courgettes jeunes, si possible de couleurs variées
120 g de millet ou de boulghour
300 g de tomates
Aubergine (facultatif)
Poivron rouge (facultatif)
Oignons
Ail
Herbes de Provence
Huile d'olive
3 oeufs (facultatif)

Variétés conseillées : courgettes Gold Rush, Cou-Tors, Ronde de Nice, Musquée de Nice, pâtisson.
Laver tous les légumes à l'eau fraîche, les essuyer et les couper en tranches. Hacher menu l'ail et émincer les oignons.
Faire chauffer l'huile dans une cocotte ; y mettre successivement l'aubergine, les courgettes, l'oignon et le poivron. Tourner jusqu'à ce que les légumes deviennent souples. Ajouter les tomates, l'ail, les herbes, le sel et le poivre. Verser en pluie les graines de millet (ou de boulghour). Couvrir et laisser mijoter environ 30 minutes en remuant de temps à autre.
On peut battre trois oeufs en omelette et, quand la ratatouille est cuite, les verser sur les légumes en tournant vivement jusqu'à ce qu'ils soient juste pris.

Salade de courgettes

Jeunes courgettes de couleurs variées
Oignon
Ail
Vinaigrette
Persil haché

Variétés conseillées : Gold Rush, Cou-Tors, pâtissons, Ronde de Nice, Musquée de Nice.
Laver et couper les courgettes en fines rondelles. Ajouter l'oignon émincé, l'ail pilé et la vinaigrette.
Tourner cette salade, la saupoudrer de persil haché. Servir frais.

Siamois de légumes*

670 g de potiron
335 g d'épinards
335 g de fromage blanc
4 oeufs
100 g d'épeautre
50 g de gruyère râpé
Sel, poivre, muscade

Variétés conseillées : Mooregold, Mayo Blusher, Triamble, Olive Verte.
Faire tremper l'épeautre à l'avance, puis le cuire jusqu'à ce qu'il soit tendre. Eplucher le potiron et le faire cuire à l'étouffée. Laver et couper grossièrement les épinards, les faire revenir dans une poêle. Réserver.
Mélanger le potiron en purée avec les oeufs, saler, poivrer, muscader. Prélever la moitié de cette préparation, y incorporer le fromage blanc et l'épeautre égoutté.
Beurrer huit petits moules individuels, ou un plat à gratin, y verser par couches d'abord le mélange de potiron et d'oeufs, puis disposer les épinards sautés, enfin le mélange potiron, oeufs, fromage blanc, céréale. Saupoudrer de gruyère râpé. Mettre au four préchauffé (th. 7), 35 à 45 minutes.

Terrine de courgettes

1 kg de courgettes
1 gros oignon
2 gousses d'ail
5 oeufs
1 c. à s. d'huile d'olive
1. c. à s; de farine de maïs
1 c. à s. d'eau
Persil haché
Sel, poivre
1 citron

Variétés conseillées : Gold Rush, Cou-Tors, pâtissons, Ronde de Nice, Musquée de Nice.
Faire dorer les courgettes coupées en rondelles et les oignons émincés dans l'huile d'olive, ajouter le sel, le poivre, l'ail pilé. Laisser mijoter 20 minutes à découvert. Egoutter en fin de cuisson.
Battre les oeufs avec la farine de maïs, le persil haché et l'eau, y ajouter les courgettes égouttées. Bien mélanger, mettre dans un moule à cake graissé et cuire à four moyen (th. 6) pendant 35 minutes.
Démouler quand la préparation est froide. Servir accompagné d'une salade verte ou toute autre crudité : carottes râpées, betteraves rouges, céleri-rave râpé, etc.

Desserts

Beignets de fleurs de courge

Fleurs de courgettes ou de potirons (choisir des fleurs mâles)
Pour la pâte :
150 g de farine
1 oeuf entier et 2 blancs
1 c. à s. d'huile
1/4 de c. à c. de sel
3/4 de verre de bière

Traditionnellement, on utilise des fleurs de *Cucurbita pepo* de grande taille, mais les fleurs de certaines *Cucurbita maxima* ont un arôme intéressant. On peut, le matin de bonne heure, se promener dans le carré de courges et se fier aux senteurs.
Mettre dans un saladier la farine, l'oeuf entier, l'huile et un peu de sel. Mélanger avec une spatule, en ajoutant peu à peu la bière. Laisser reposer une heure.
Battre les blancs d'oeufs en neige très ferme. Les incorporer délicatement à la pâte en soulevant bien le mélange.
Faire chauffer l'huile de la bassine à friture. Plonger les fleurs de courges dans la pâte à beignets en les tenant par le pédoncule. Les jeter dans la friture. Faire dorer des deux côtés. Lorsque le beignet est doré, le sortir à l'écumoire, l'éponger sur un essuie-tout et le rouler dans du sucre selon les goûts.

Beignets de Jack-Be-Little

Jack-Be-Little ou
Melonnette de Vendée

Utiliser la même recette de pâte que pour les beignets de fleurs. Bien brosser les courges, les couper en deux afin de les épépiner, puis les débiter en rondelles. Plonger les tranches dans la pâte à beignets, puis dans la friture. Laisser cuire des deux côtés. Retirer avec une écumoire, égoutter sur un papier absorbant et rouler dans le sucre.

Brioche à la Chestnut

150 g de purée de courge à chair ferme et sucrée de préférence.
200 g de farine
125 g de beurre
75 g de sucre roux
3 oeufs + 1 jaune
1 pincée de sel
20 g de levure de boulanger
1 c. à s. de crème fraîche épaisse
1 c. à s. d'eau de fleur d'oranger

Variétés conseillés : Chestnut, Buttercup, Red Kuri, Winter Luxury, Kabocha, Giraumon, Golden Delicious, Potimarron.

Faire cuire la courge à la vapeur, la réduire en purée très sèche avec un moulin à légumes (grille fine).

Dans une petite tasse, délayer la levure de boulanger avec 2 cuillerées à soupe d'eau tiède et un peu de sucre, mélanger et réserver. La levure va commencer à gonfler.

Dans un saladier, travailler le beurre à la fourchette pour lui donner une consistance crémeuse. Rajouter alors successivement la purée de courge, puis la farine, les oeufs, le sucre, la levure et le sel. Travailler à la spatule afin d'obtenir une pâte semi-liquide que l'on va laisser reposer au réfrigérateur de 6 heures à une nuit, couverte d'un tissu léger ; elle va à peu près doubler de volume.

Retravailler la pâte à la spatule. Elle tombe. La verser dans un moule à brioche huilé et fariné. Laisser reposer à température ambiante durant 2 à 3 heures. Ensuite, badigeonner légèrement, au pinceau, avec la crème fraîche mélangée à un jaune d'oeuf pour faire dorer. Enfourner dans un four froid ou tout juste tiède. Cuire pendant 30 à 35 minutes (th. 5,5 - 6 ou 160°C).

Variante : on inverse les proportions de farine et purée de courge.

200 g de purée de courge
150 g de farine

On procède de la même manière. On obtient une pâte un peu plus liquide et, une fois cuite, une brioche plus légère.

Cake sucré de Butternut

500 g de purée de Butternut
150 g de farine
80 g de noix hachées ou graines de courge à graines nues hachées
125 g de sucre roux
3 c. à s. d'huile
3 oeufs
1 pincée de sel
1 sachet de levure
Arôme : citron ou orange

Variétés conseillées : Chestnut, Red Kuri, Buttercup.
Dans un saladier, battre les oeufs et le sucre. Ajouter l'huile, le sel, la levure, la purée de Butternut, l'arôme choisi, la farine et les noix. Bien mélanger le tout de manière à obtenir une pâte homogène. Graisser et fariner un moule à cake, y verser la préparation.
Faire cuire à four moyen (180°C, th. 6) pendant une heure environ.

Cake au potimarron

200 g de potimarron
150 g de semoule
1/2 l de lait
100 g de crème fraîche
150 g de sucre roux
3 oeufs
1 jus d'orange
60 g de raisins secs trempés dans de l'eau, éventuellement additionnée de rhum

Variétés conseillées : Butternut, Chestnut, Buttercup, Red Kuri, Kabocha, Golden Delicious, Musquée de Naples, Musquée de Provence, Créole, Sucrine du Berry.
Faire bouillir le lait, y verser la semoule. Laisser cuire 4 minutes environ sans cesser de remuer avec une cuillère. Retirer du feu. Ajouter la crème fraîche, le sucre roux, les oeufs, le jus d'orange, les raisins secs et les dés de courge.
Graisser et fariner un moule à cake. Y verser la préparation. Faire cuire au bain-marie 40 minutes à four moyen (th. 6).

Cake au potimarron et aux noix*

500 g de potiron doux
150 g de farine
75 g de cerneaux de noix
125 g de sucre roux
2 oeufs
1 dl d'huile

Eplucher et découper en dés le potiron. Le faire cuire à la vapeur, le réduire en purée. Hacher les cerneaux de noix.
Battre ensemble les oeufs et le sucre, mélanger à la purée, ainsi que la farine, les noix hachées, l'huile, la levure, les zestes, le sel.

1 sachet de levure
Zestes de 2 citrons
Sel

Bien malaxer afin d'obtenir une pâte homogène.
Beurrer un moule à cake, y verser la préparation. Faire cuire au four (th. 6), 1 heure environ. Servir tiède en tranches.

Cake au potiron-coco*

300 g de potiron épluché
170 g de sucre
150 g de noix de coco râpée
75 g de farine
100 g de beurre
3 oeufs
1 sachet de levure
Zestes d'un citron
Sel

Râper le potiron. Bien le mélanger avec le sucre, la noix de coco, la farine, la levure, les oeufs, le beurre fondu, les zestes, le sel.
On peut ajouter au mélange du gingembre en poudre ou de la cannelle.
Beurrer un moule à cake, le doubler d'un papier sulfurisé beurré, y verser la préparation.
Cuire à four chaud (th. 7), 40 minutes environ.
Déguster tiède.

Clafoutis

500 g de courge coupée en petits morceaux
100 g de farine
150 g de sucre
1/2 paquet de levure
1/4 de l de lait
50 g de matière grasse
2 c. à s. de rhum ou autre parfum
1/2 paquet de sucre vanillé
2 oeufs

Variétés conseillées : Chestnut, Buttercup, Jack-Be-Little, Melonnette de Vendée, Winter Luxury.
Disposer les morceaux de courge dans un plat à gratin huilé et fariné. Mélanger la farine, le sucre et la levure.
Ajouter les jaunes et la moitié du lait, remuer le tout.
Verser sur la pâte, le reste du lait que l'on a fait bouillir avec la matière grasse. Mêler.
Ajouter encore le rhum et les blancs battus en neige ferme. Verser la pâte sur les morceaux de courge et laisser cuire 40 minutes à four moyen (th. 4-5). Saupoudrer de sucre vanillé.

Compote de courge

Courge
Miel ou sucre roux
Jus de citron ou d'orange
Vanille
Cannelle

Utiliser de préférence Winter Luxury, Pumpkin Show King ou Melonnette de Vendée.

Peler et ôter les graines du fruit choisi. Le débiter en morceaux. Faire cuire dans une casserole avec un peu d'eau, sur feu très doux, pendant 1/2 heure environ. Sucrer à volonté avec du miel ou du sucre roux. Aromatiser éventuellement avec du jus de citron ou du jus d'orange, une gousse de vanille, un bâton de cannelle.

Cette préparation de base peut être accommodée de bien des façons en y ajoutant divers fruits frais ou secs disponibles en même temps que les courges.

Variante 1 : 1 kg de courge + 200 g d'abricots secs. Faire tremper les abricots secs 2 heures dans de l'eau ou de l'eau aromatisée avec un alcool (rhum, par exemple). Faire cuire avec la courge selon la recette de base. Mixer plus ou moins le tout selon que l'on souhaite une préparation homogène ou non.

Variante 2 : 1 kg de courge + 300 g de raisins secs. Procéder comme précédemment.

Variante 3 : 1 kg de courge + 300 g de pruneaux dénoyautés.

Variante 4 : 1 kg de courge + 3 ou 4 bananes.

Variante 5 : 1 kg de courge + 300 g d'un assortiment de fruits secs (pruneaux, abricots, raisins, figues).

Variante 6 : 1 kg de courge + 500 g de pommes, d'oranges ou de poires.

Confiture de cheveux d'ange

1 courge de Siam
Sucre roux ou miel
1 bâton de cannelle
1 gousse de vanille
1 ou 2 oranges

Prendre une courge de Siam très mûre (plusieurs mois après la récolte). La faire rebondir sur le sol plusieurs fois ; ainsi la chair se décolle de l'écorce. Pour ouvrir le fruit, donner un choc plus violent ; l'écorce casse. Racler la chair avec une spatule en bois, la laver sous l'eau courante jusqu'à ce qu'il n'y ait plus de mousse.

Faire cuire la pulpe pendant une heure dans de l'eau salée ; égoutter, écraser à la fourchette pour obtenir des fils. Mélanger avec le sucre ou le miel à raison de 500 g pour 1 kg de pulpe (on peut mettre plus ou moins de sucre selon les goûts). Ajouter la cannelle, la vanille (gousse fendue dans la longueur), l'orange coupée en morceaux. Faire cuire environ 30 minutes jusqu'à ce que le mélange change de couleur pour devenir ambré, tout en remuant.

Confiture de courge

1 kg de courge pour 2 verres d'eau environ
ou tout potiron à chair ferme ou courge musquée.
500 à 750 g de sucre
Cannelle ou vanille en poudre
1 kg de courge + 300 g d'abricots secs (ou raisins sec, ou pruneaux)

Variétés conseillées : Red Kuri, Kabocha, Chestnut, Buttercup, courges Musquée de Provence, Musquée de Naples, Sucrine du Berry.
Peler la courge, ôter les graines. Débiter en dés. Faire cuire dans l'eau à tout petits bouillons pendant une demi-heure. La chair doit se défaire. Passer au moulin à légumes (grille fine).
Ajouter le sucre. Remettre le tout sur le feu et faire cuire une vingtaine de minutes en remuant souvent. Ajouter cannelle ou vanille. Mettre en pots, couvrir à chaud.
Comme pour les compotes on peut varier les associations courges + fruits frais ou secs. La différence réside dans la proportion de sucre et le temps de cuisson qui, l'un et l'autre, permettent la conservation des confitures sans stérilisation.
Pour les confitures de courges et fruits secs, on peut procéder de la façon suivante :
Faire tremper les abricots secs dans un demi-litre d'eau bouillante pendant 24 heures. Egoutter. Recueillir le jus dans un fait-tout et y faire cuire les dés de potiron pendant 30 minutes à petits bouillons. Passer au moulin à légumes (grille fine). Sucrer cette purée, la remettre à cuire avec les abricots, la cannelle ou la vanille en poudre pendant une demi-heure. Mettre en pots. Couvrir à chaud.

Courge miroir*

750 g de potiron
70 g de farine
175 g de sucre
4 oeufs
1/8 de l de lait
Zeste d'un citron
Sel

Eplucher le potiron, l'émincer. Le mettre dans une casserole avec le lait, pour faire cuire doucement sans couvrir. En fin de cuisson, réduire en purée. Mélanger à cette purée la farine, le sucre, les zestes, les oeufs battus et le sel. Beurrer un plat, ou huit petits moules individuels, placer au fond un papier aluminium beurré. Verser la préparation. Cuire au four (th. 5, 180°C), environ 1 heure. Servir aussitôt, accompagné de tranches de cake au potiron.

Crème brûlée de pumpkin

Compote de pumpkin Show-King ou Winter Luxury (2 bols)
4 oeufs
75 g de sucre
2 dl de crème
Cassonade

Préparer une compote avec la courge (voir p. 84). Travailler les jaunes d'oeufs avec le sucre en poudre afin d'obtenir un mélange mousseux. Ajouter alors la crème, fouetter cette préparation et incorporer la compote. Bien mêler le tout.
Vider dans un plat à gratin huilé. Faire cuire à four moyen (th. 6) au bain-marie, jusqu'à ce que la crème soit prise. Sortir du four et laisser refroidir. Saupoudrer de cassonade et faire caraméliser quelques minutes sous le gril.

Crème glacée au chocolat

500 g de purée de Chestnut
100 g de sucre roux mixé fin
100 g de beurre
100 g de chocolat à fondre
Menthe ou verveine (feuilles ou extrait)

Variétés conseillées : Buttercup, Red Kuri, Kabocha, Pumpkin Show King, Winter Luxury, Melonnette de Vendée.
Faire cuire la courge en morceaux, à la vapeur, avec trois jolies branches de menthe ou de verveine fraîches. Réduire en purée au moulin à légumes.
Travailler le beurre à la fourchette jusqu'à obtenir une pommade. Ajouter la purée de courge tiède, bien mêler le tout. Incorporer le sucre puis le chocolat à fondre. On obtient alors une crème très lisse. Verser cette

crème dans un moule huilé ou en coupes individuelles et placer le tout au réfrigérateur avant de servir.
Décorer avec des feuilles de menthe (ou de verveine), une rondelle d'orange ou de citron. Ce dessert se prépare la veille. Il est meilleur avec une réfrigération de 12 heures environ, qui le rend très ferme.
Cette crème peut être utilisée pour confectionner une bûche de Noël.

Crêpes de courge

Pour 6 ou 7 crêpes :
160 g de purée de potimarron ou autre
450 ml de lait (un peu moins d'un demi-litre)
140 g de farine
2 oeufs
1 pincée de sel
Huile

Variétés conseillées : Red Kuri, Chestnut, Buttercup, Olive Verte, Mayo Blusher, Triamble, Mooregold.
Dans un saladier, verser le lait et la farine. Fouetter et ajouter la purée de potimarron, les oeufs, le sel, trois cuillerées à soupe d'huile. Bien mêler le tout. Si la pâte fait des grumeaux, la passer au mixer.
Cuire les crêpes dans une poêle huilée, comme de coutume. Elles sont un peu plus épaisses qu'avec une pâte classique.
Il est possible de confectionner cette pâte avec de la farine de sarrasin. Il faudra alors laisser reposer la préparation une douzaine d'heures.

Dessert de Jack-Be-Little

1/2 Jack-Be-Little par personne
1 grosse c. à s. de confiture rouge (mûre, framboise, myrtille, cerise ou groseille) un peu liquide de préférence

Partager les courges et ôter les graines. Les faire cuire dix minutes dans de l'eau salée ou à la vapeur. Egoutter. Remplir la cavité des fruits d'une confiture au choix.
Placer dans un plat à gratin graissé. Mettre au four (th. 6) un quart d'heure environ. Manger tiède à la cuillère.

Flan potimarron-semoule

1 kg de potimarron en purée
1 l de lait
3 oeufs
100 de semoule complète
100 g de sucre
1 bâton de vanille

Variétés conseillées : Red Kuri, Kabocha, Chestnut, Buttercup.
Faire bouillir le lait avec la vanille ; jeter la semoule en pluie fine et laisser cuire 10 minutes tout en remuant.
Battre les oeufs entiers avec le sucre, y ajouter la purée de potimarron.
Incorporer le mélange obtenu à la semoule, verser dans un plat à gratin huilé et cuire 30 minutes à four modéré (th. 6).
Variante : séparer les blancs et les jaunes d'oeufs. Battre les jaunes avec le sucre et ajouter la purée de potimarron. Mêler ce mélange à la semoule cuite et incorporer les blancs battus en neige ferme. Verser dans un plat à gratin graissé. Cuire à four chaud (th. 8) pendant 20 minutes.
On peut utiliser l'une ou l'autre de ces deux préparations sur un fond de tarte cuit à blanc, c'est-à-dire seul. Prévoir alors un moule à bords hauts.

Gâteau au chocolat

500 g de purée tiède de Winter Luxury
100 g de beurre
250 g de farine
1 sachet de levure
125 g de sucre
100 g de chocolat à fondre
4 oeufs
Arôme au choix : menthe, jus d'orange ou de citron, noix de coco râpée, ou un alcool parfumé

Variétés conseillées : Chestnut, Buttercup, Red Kuri, Kabocha, Giraumon, Pumpkin Show King, Winter Luxury, Melonnette de Vendée.
Préchauffer le four (th. 4). Travailler le beurre en pommade, à la fourchette. Ajouter la purée de courge tiède et mélanger au fouet. Ajouter successivement la farine, la levure, le sucre, le chocolat, les jaunes d'oeufs et l'arôme choisi. Bien travailler la préparation entre chaque ajout. Réserver.
Monter les blancs en neige ferme avec une pincée de sel et les incorporer petit à petit, délicatement, à la spatule au reste de la pâte, en soulevant bien le mélange. On obtient une pâte légère, mousseuse. Vider la préparation dans un moule huilé et fariné. Cuire au four (th. 6) pendant 45 minutes.

Jack-Be-Little en mouchoir

1 Jack-Be-Little de petite taille par personne
Pâte à tarte (avec 250 g de farine pour 4 fruits)
Confiture de fruits rouges
1 jaune d'oeuf

Confectionner une pâte à tarte. L'étaler au rouleau.
Peler les courges, les couper en deux et ôter les graines.
Remplir les cavités d'une confiture au choix.
Disposer chaque fruit sur la pâte à tarte. Découper un carré suffisamment grand pour l'envelopper. Souder les bords en humidifiant la pâte avec un pinceau trempé dans l'eau et en les pinçant. Ménager une cheminée.
Badigeonner la pâte de jaune d'oeuf à l'aide d'un pinceau. On peut délayer le jaune avec un peu de crème fraîche. Faire cuire 30 minutes à four moyen (th. 6).
On peut procéder de la même manière pour obtenir un plat salé. On remplit alors la cavité avec de la crème fraîche épaisse et salée.

Mousse de Winter Luxury

500 g de purée de Winter Luxury
4 oeufs
1 pincée de sel
100 g de sucre roux mixé fin
1 bâton de cannelle

Cuire la courge à la vapeur avec de la cannelle, la réduire en une purée très fine au mixer. Séparer les blancs des jaunes d'oeufs. Dans une casserole, travailler les jaunes avec le sucre. Ajouter la purée et mettre à épaissir sur feu très doux, sans laisser bouillir et sans cesser de remuer.
Battre en neige très ferme les blancs d'oeufs avec la pincée de sel. Les incorporer au mélange en soulevant (comme pour une génoise). Mettre dans des coupes et tenir au frais avant de servir.
Variante : mousse de Winter Luxury au chocolat Après avoir fait épaissir le mélange jaunes, sucre et purée, y ajouter 100 g de chocolat fondu. Puis incorporer les blancs en neige de la même manière.

Pâtes de fruits

1 kg de purée
de Winter Luxury
800 g de sucre
Cannelle en poudre

Faire cuire la courge à la vapeur 15 à 20 minutes. La passer au moulin à légumes (grille fine) et y ajouter un peu de cannelle en poudre (1 cuillerée à café environ).
Mélanger purée de fruits et sucre. Mettre à cuire à feu doux pendant environ 1 heure, sans cesser de remuer, jusqu'à ce que le mélange se détache de la casserole.
Disposer sur une plaque couverte de papier sulfurisé huilé en une couche de 2 centimètres d'épaisseur. Laisser sécher à l'air ou dans un four pendant 12 heures (th. 1). Tailler en bâtonnets. Conserver dans une boîte en métal.

Pets de nonne

Pour 4 à 6 personnes :
1 bol de purée de courge
1/4 de litre d'eau
1/2 c. à c. de sel
1 c. à s. de sucre
75 g de beurre
150 g de farine
4 oeufs

Variétés conseillées : Chestnut, Buttercup, Red Kuri, Melonnette de Vendée, Jack-Be-Little, Giraumon, Golden Delicious.
Dans une casserole, mettre l'eau, le sel, le sucre, le beurre coupé en morceaux et faire bouillir. Dès l'ébullition, retirer du feu et mettre toute la farine d'un coup.
Remuer énergiquement à la spatule jusqu'à ce qu'il se forme une boule se détachant de la casserole (si cela ne se produit pas spontanément, remettre sur feu très doux et remuer juste le temps que la pâte soit suffisamment sèche pour se détacher).
Casser un oeuf et l'ajouter à la pâte. Mélanger parfaitement et ajouter le second. Même chose pour le troisième et le quatrième. Ajouter la purée de courge à la pâte ainsi obtenue et bien mélanger.
Faire chauffer la friture. Façonner des petites boules en roulant la valeur d'une cuillère à soupe de pâte entre les mains farinées. Faire cuire dans l'huile pas trop chaude sur toute les faces. Egoutter et rouler dans le sucre.

Tarte marbrée potiron-chocolat*

900 g de potiron
400 g de pâte brisée
35 cl de jus d'orange frais
20 cl de jus de citron frais
8 c. à s. de sucre roux
3 oeufs
100 g de chocolat à cuire

Variétés conseillées : Red Kuri, Kabocha, Chestnut, Pumpkin Show King, Winter Luxury, Melonnette.
Peler, émincer le potiron, le mettre à cuire sur feux doux avec les jus de fruits. Lorsqu'il commence à se réduire en purée, ajouter le sucre roux.
Pendant ce temps, étaler la pâte dans un moule à tarte à bords hauts, beurré, piquer le fond, cuire au four (th. 7) 10 minutes environ.
Mélanger les oeufs à la purée potiron-agrumes refroidie. Verser sur le fond de tarte cuit. Faire fondre le chocolat au bain-marie et le faire couler sur la tarte en décrivant des zigzags. Faire cuire environ 45 minutes au four (th. 7). Déguster froid.

Tarte à la pumpkin

1 courge
Vanille ou cannelle
Pâte brisée ou feuilletée
Pommes ou poires

Préparer une compote (voir plus haut) avec une courge Pumpkin Show-King, Melonnette ou Winter Luxury, et la parfumer avec une gousse de vanille fendue ou un bâton de cannelle.
Sur un fond de tarte (pâte brisée ou feuilletée), étaler une bonne couche de compote sur laquelle on disposera au choix des tranches de pommes , poires ou courges. Cuire à four chaud (th. 7-8) une trentaine de minutes.

Tarte façon Tatin

Pâte :
250 g de farine
3 c. à s. d'huile
1 pincée de sel
1 peu d'eau
1 oeuf

Variétés conseilllées : Melonnette de Vendée, Jack-Be-Little ou Winter Luxury.
Faire la pâte en mélangeant la farine, l'huile, le sel, l'oeuf. Elle doit former une boule. Si elle est trop sèche, y ajouter un peu d'eau. Etaler la pâte au rouleau au diamètre du moule jusqu'à environ 1/2 centimètre d'épaisseur.

Garniture :
1 courge pelée et débitée en gros dés
80 g de sucre
1 poignée de raisins secs

Dans un moule à manqué, verser le sucre et un peu d'eau. Mettre sur le feu pour former un caramel. Placer les dés de courge en couches serrées, répartir les raisins secs et couvrir avec le disque de pâte. Faire cuire à four chaud (th. 8), 30 à 35 minutes.

Index des recettes et des variétés

Hâtives (moins de 100 jours)

Variétés	Qualité de la chair		Aptitude à la conservation	Recettes pages...
Courges d'été				
Gold Rush	TB	NF	consommation	59, 63, 70, 72-73, 78-79
Cou-tors hâtif	B	NF	avant	59, 63, 70, 72-73, 78-79
Pâtissons	B	NF	maturité	59, 65, 70, 73, 77-79
Pomme d'Or	TB	NF		56, 65
Ronde de Nice	B	NF		59, 65, 73, 78-79
Musquée de Nice	B	NF		59, 60, 78-79
Courges d'hiver				
Buttercup	TB	NF	2 à 3 mois	56-57, 63-65, 73, 81-83, 85-88, 90
Winter Luxury	TB	NF	3 à 5 mois	81, 83-84, 86, 88-91
Acorn	TB	NF	3 à 5 mois	58, 65, 76
Melonnette	TB	NF	3 à 5 mois	83-84, 86, 88, 90-91
Jack-Be-Little	TB	F	2 à 3 mois	65-66, 80, 83, 87, 89-91
Red Kuri	TB	F	2 à 3 mois	56-57, 63-65, 81-82, 85-88, 90-91
Kabocha	TB	F	2 à 6 mois	56-57, 64-65, 81-82, 85-86, 88, 91
Golden Hubbard	M	NF	2 à 6 mois	58, 60, 64, 66, 72, 76
Blue Banana	B	NF	2 à 6 mois	62-66, 68, 74
Golden Delicious	TB	NF	2 à 6 mois	56-57, 62-64, 66, 68, 81-82, 90
Mayo Blusher	MB	NF	2 à 6 mois	62-65, 69, 73, 76, 79, 87
Potiron Blanc de Mayet	MB	NF	2 à 6 mois	60, 64, 68-69, 73
Sweet Dumpling	TB	NF	2 à 3 mois	65, 71
Mooregold	B	NF	2 à 6 mois	62-64, 73-74, 76, 79, 87
Courge Spaghetti	B	NF	2 à 6 mois	67-68
Citrouille de Touraine	pour les animaux		2 à 6 mois	

Tardives (plus de 100 jours)				
Variétés	Qualité de la chair		Aptitude à la conservation	Recettes pages…
Chestnut	TB	F	2 à 4 mois	56-57, 63-65, 73, 81-83, 85-88, 90-91
Pumpkin Show King	M	NF	2 à 5 mois	84, 86, 88, 91
Courge à graines nues	m	NF	2 à 6 mois	57, 75
Courge Olive Verte	TB	NF	2 à 6 mois	62, 64-65, 74, 76, 79, 87
Potiron Bleu de Hongrie	TB	NF	2 à 6 mois	59, 61
Courge de Siam	B	NF	1 à 2 ans	69, 84
Butternut	TB	NF	2 à 6 mois	56, 62, 64, 82
Créole	M	NF	2 à 6 mois	58, 60, 82
Striped Cushaw	B	NF	2 à 4 mois	67, 76
Triamble	B	NF	2 à 8 mois	62, 64-65, 73, 76, 79, 87
Giraumon Turban	B	NF		59, 64, 74, 76, 81, 88, 90
Jaune Gros de Paris	M	NF		60, 69
Rouge Vif d'Etampes	M	NF	plusieurs mois	60, 69
Musquée de Provence	M	NF		58, 60, 82, 85
Musquée de Naples	M	NF		58, 60, 82, 85
Sucrine du Berry	M	NF		58, 82, 85

TB : très bonne – B : bonne – M : moyenne – m : médiocre – F : farineux – NF : non farineux

Fournisseurs de graines

Graines Baumaux
11, rue des Quatre-Eglises
54000 Nancy
(La plus large gamme sur le marché français.)

Ferme de Sainte-Marthe
B.P. 10
41700 Cour-Cheverny

Le Biau Germe
47360 Montpezat-d'Agenais
(Graines de culture biologique.)

Club Mémoire Verte
B.P. 20
33670 La Sauve
(Association qui regroupe des amateurs de diversité potagère. On peut y acheter des semences ou faire des échanges avec les membres adhérents.)

Achevé d'imprimer en juin 1993
dans les ateliers de Normandie Roto Impression s.a.
61250 Lonrai

N° d'imprimeur : I3-1362
Dépôt légal : juin 1993

Imprimé en France